新编学生国学丛书

春秋左传

梁宽　庄适　选注
张东　校订

中国文史出版社

图书在版编目(CIP)数据

春秋左传/梁宽,庄适选注;张东校订.——北京:中国文史出版社,2019.10

(新编学生国学丛书/缪天绶等主编)

ISBN 978-7-5205-1499-6

Ⅰ.①春… Ⅱ.①梁… ②庄… ③张… Ⅲ.①中国历史-春秋时代-编年体 ②《左传》-注释 Ⅳ.①K225.04

中国版本图书馆CIP数据核字(2019)第240990号

责任编辑:金 硕

出版发行:**中国文史出版社**

社　　址:北京市海淀区西八里庄路69号院　　邮　　编:100142

电　　话:010-81136606　81136602　81136603　81136605(发行部)

传　　真:010-81136655

印　　厂:北京温林源印刷有限公司

经　　销:全国新华书店

开　　本:880mm×1230mm　1/32

印　　张:4.625

字　　数:90千字

版　　次:2020年2月北京第1版

印　　次:2022年1月第2次印刷

定　　价:22.80元

总　序

冯天瑜

作为汉字古典词，“国学”本谓周朝设于王城及诸侯国都的贵族学校，以与地方性、基层性的“乡校”“私学”相对应。隋唐以降实行科举制，朝廷设“国子监”，又称“国子学”，简称“国学”，有朝廷主持的国家学术之意。

时至近代，随着西学东渐的展开，与来自西洋的“西学”相比配，在汉字文化圈又有特指本国固有学术文化的“国学”一名出现。如江户幕府时期（1601—1867）的日本人，自18世纪起，把流行的学问归为三类：汉学（从中国传入）、兰学（从欧美传入，19世纪扩称洋学）、国学（从《古事记》《日本书纪》发展而来的日本固有学术）。19世纪末、20世纪初，中国留日学生与入日政治流亡者，以及活动于上海等地的学人，采借日本已经沿用百余年的“国学”一名，用指中国固有的学术文化。1902年梁启超（1873—1929）撰文，以“国学”与“外学”对应，强调二者的互动共济，梁氏曰：“今日欲使外学之真精神普及于祖国，则当转输之任者，必邃于国学，然后能收其效。”（《论中国学术思想变迁之大势》）1905年国粹派在上海创办《国粹学报》，公示“发明国学，保存国粹”宗旨。这里的“国学”意为“国粹之学”。该刊发表章太炎（1869—1936）、刘师培（1884—1920）、陈去病（1874—1933）等人的经学、史学、诸子学、文字训诂方面文章，以资激励汉人的民族精神与文化自信。从此，中国人开始在“中国固有学术文化”意义上使用“国学”一词，为“国故之学”的简称。所谓“国故”，指中国传统的学术文化之故实，此前清人多有用例，如魏源（1794—1857）认为，学者不应迷恋词章，学问要从“讨朝章、讨国故始”（《圣武记》卷一一），这“讨国故”的学问，也就是后来所谓之国学。

经清末民初诸学者（章太炎、梁启超、罗振玉、王国维、刘师培、黄侃、陈寅恪等）阐发和研究，国学所涉领域大定为：小学、经学、史学、诸子、文学，约与现代人文学的文、史、哲相当而又加以综汇，突现了中国固有学术整体性特征，可与现代学校的分科教学相得益彰、彼此促进，故自 20 世纪初叶以来，“国学”在中国于起伏跌宕间运行百年，多以偏师出现，而时下又恰逢勃兴之际。

中国学术素有“文、史、哲不分家”的传统，中国学术的优势与缺陷皆与此传统相关。百年来的中国学校教育仿效近代西方学术体制，高度分科化，利弊互见。其利是促进分科之学的发展，其弊是强为分割知识。为克服破碎大道之弊，有人主张打通文、史、哲壁垒，于是便有综汇中国人文学的“国学”之创设，并编纂教材，进于学校教育、家庭教育、社会教育，其先导性教材结集，为 20 世纪 20 年代至 30 年代原商务印书馆由王云五策划并担任主编的《万有文库》之子系《学生国学文库》。所收均为四部重要著作。略举大凡：经部如诗、礼、春秋，史部如史、汉、五代，子部如庄、孟、荀、韩，并皆刊入；文辞则上溯汉、魏，下迄近代，诗歌则陶、谢、李、杜，均有单本，词则多采五代、两宋。丛书凡 60 册，已然囊括了“国学”之精粹。其鲜明之特色是选注者掺入了对原著的体味，经史诸书选辑各篇，以表见其书、其作家之思想精神、文学技术、历史脉络者为准。其无关宏旨者，概从删削、剔抉。选注者中不乏叶圣陶、茅盾、邹韬奋、傅东华这样的学界翘楚。他们对传统国学了然于胸，于选注自然是举重若轻，驾轻就熟。这样一份业经选注者消化、反刍的国学精神食粮自然更便于国学入门者吸收。

这样一套曾在20世纪初在传播传统文化、普及国学知识方面起到重要的作用的丛书即便今天来看也是历久弥新。中国文史出版社因应时势，邀约深谙国学之行家里手于原辑适当删减、合并、校勘，以 30 册 300 余万言，易名《新编学生国学丛书》呈献当今学子。诸书均分段落，作标点，繁难字加注音，以便省览。诸书原均有注释，古籍异释纷如，原已采其较长者，现做适当取舍、增删。诸书较为繁难、多音多义之字，均注现代汉语拼音，以便讽颂。诸书卷首，均有选注者序，述作者生平、本书概要、参考书举要等，凡所以示读者研究门径者，不厌其详，现一仍其旧。

这样一套入门的国学读物，读者苟能熟读而较之，冥默而求之，国学之精要自然神会。

是为序。

校订说明

丛书原名《学生国学文库》，为 20 世纪二三十年代商务印书馆王云五主编《万有文库》之子系，现易名《新编学生国学丛书》，奉献给广大国学爱好者。

原丛书共 60 种，考虑到难易程度、四部平衡、篇幅等因素，在广泛征求专家意见基础上，现删减为 34 种 30 册。

基本保留了原书的篇章结构。因应时势有极少量的删节。

原文部分，均选用通用、权威版本全文校核，参以校订者己见做了必要的校核和改订。为阅读的通顺、便利，未一一标注版本出处。

注释根据原文的结构分别采用段后注、文后注，以便读者省览。原注作了适当增删，基本上保持原文字风格，之乎者也等虚词适当剔除，增删力求通畅、易懂，避免枝蔓。典实、注引做了力所能及的查证，但因才学的有限疏漏可能在所难免。

原书为繁体竖排，现转简体横排。简化按通行规则，但考虑到作为国学读物，普及小学知识亦在情理之中，故而保留了少量通假字、繁体字、异体字，一般都出注说明。或许亦可增加读者的阅读兴趣和扩大知识面。

生僻、多音字作相应注音，原反切、同音、魏妥玛注音，均统一改现代汉语拼音。

国学读物校订，工作浩繁，往往顾此失彼，多有不当处，还望读者指正。

绪 言

一 左传在中国文学上和史学上的位置

春秋为我国文化的成人时代。自榛狉之世，直到此时，经过几千年的演进，地域由莽广而渐可指证，器物由窳（yǔ）陋而渐得赅备；在政治一方面，国与国之竞争，日渐剧烈，结援要好的风气，日渐盛行。同时在中国附近的部落（当时所谓蛮夷戎狄的）也极力想找机会，伸张势力入中国的内地，而中国内部的人，也想方法去抵抗他们。在这个政治文化一大转捩（liè）的时代，激荡的潮流，迸出来的，都是灿烂的水花，而一部伟大的历史，实在是时代的需要，而《左传》便应运而生。它的任务，便是上承《尚书》，下开《国策》，替那文化政治盛极一时的春秋留一影子。它里面的文章，非常优美：其记事文，对于极复杂的事项，网领提挈得极严谨而分明，情节叙述得极委曲而简洁，可谓极技术之能事；其记言文，渊懿美茂，生气勃勃，后此殆未有其比。其历史的叙述，也有两种特色：一种是春秋的历史，大抵偏重本国，如《春秋》以鲁为中心，《竹书纪年》，周东迁后，以晋为中心，三家分晋后，以魏为中心，独《左传》不单以一国为中心，将当时几个主要的文化国，平均叙述。（《左传》虽称鲁为“我”，他国人之来鲁者曰“来”，但其叙述史实，晋国最多，楚次之，鲁又次之；而《春秋》叙述鲁事，占全书百分之二十四。）其特点足将春秋各国的进展情形，作一综合的研究；第二，春秋时不特为我国政治上的转捩时代，文化的进展，也极有可观。《左传》之叙述，不局于政治之演进，常常涉及全社会之各方面，尤以当时之典章文物，纪叙最详。以上两个特点，是春秋以前历史所没有的。所以《左传》的作者，不特为我国史学界之革命家，也是我国文学界不祧之大宗，诚不世出的天才。而读《左传》的应该一方面欣赏它文章的秀美，一方面从史事的记载当中，求出春秋时政治和文化演进的痕迹，作一个深挚的体认，才不负这部大著作，这位大作家。

二 左传的真伪问题及其与春秋经的关系

史料最重要的条件是真实，《左传》既是一本历史的著作，它的真伪问题便有讨论的价值。中国学者如刘逢禄、康有为等，都说《左传》是伪的，说是刘歆把《国语》鲁惠隐迄哀悼间之一部分抽出，改为编年体，加上些解经的语句，谓之《春秋左氏传》，其余无可比附的，把他剔出来，仍其旧体例，谓之《国语》；近来勇于疑古的老据家更认为《左传》不只是刘歆把原有的一本《国语》改作而成，全书都是由刘歆捏造出来的，或是由汉初的学者创作的。由前说，《左传》虽经刘歆窜乱，仍不失为汉以前或焚书以前的真实史料；由后说，《左传》简直是一部伪书，它本身的价值会因此消失了许多。在编者的眼光看来，前说还可信，后说恐未必能成立。

后说不能成立的理由是：（一）春秋二百余年的事，后人断没有全部捏造的力量；即使刘歆或当时的学者，在故老口中得到一两件口传的故事，把他记载起来，《左传》里面的条贯，恐不能如此精密。（二）《左传》的文章，《史记》引用甚多，世为太史令载籍极博的司马迁，必不肯引用与已时代差不多的人所作的伪书；且《史记》征引《左传》，常把《左传》艰深的语句，改成浅易，如《左传》昭公二十七年，“我尔身”一句，《史记》改为“我身子之身也”，如哀公七年“求之曹，无之，戒其子曰”三句，《史记》改为“求之曹，无此人，梦者戒其子曰”，观此种由深化浅的语句，足见两书年代的先后。自焚书以来，学术界雕零已甚，从汉初至司马迁，数十年间，断不能产生一个如《左传》的伟大著作人才，所以编者认定《左传》为秦以前的真实史料。

再把今文家刘康辈的主张讨论起来，《汉书》刘歆本传说：“歆校秘书，见古文《春秋左氏传》，歆大好之……初，《左氏传》多古字古言，学者传训故而已，及歆治《左氏》，引传文以解经，转相发明，由是章句义理备焉……歆亲近，欲建立《左氏春秋》……哀帝令歆与五经博士讲论其义，诸博士或不肯置对，歆因移书太常博士责让之……是时名儒光禄大夫龚胜，以歆移书，上疏深自罪责，愿乞骸骨罢。”歆传说歆引传文以解经转相发明，难保他引传文的时候和转相发明的时候，没有把传文来点窜；且当时的太常博士，宁可不做官，而不肯承认《左传》是解释《春秋》的书，争辩如此剧烈，想必刘歆干了一件学术上失德的事，才会如此，而康刘辈的主张也不无蹊径。我们虽不能证实《左传》与《国语》原为一书，或两书各自独立，但至少我们知道解经的语句，是由刘歆窜入，汉儒所说“左氏不传《春秋》”。不为无理。我们如仔细一研究，更可以明白：孔子的《春秋》，终于获麟，真正解释《春秋》的《公羊传》和《谷梁传》亦终于获麟，独《左传》终于鲁哀公二十七年后，《春秋》的终止期十三年，分明见得《左传》的性质，与《公》《谷》不同；就文字而论，《公》《谷》里面，除了少数叙事文外，多为“……者何……也”，而《左传》却为叙事文体裁，此点更可见《左传》与句诠字释《春秋》的《公》《谷》二传不同；《左传》即有解经的语句，每多违背经义，至如有传无经，或有经无传，所在皆有，《左传》作者如以解释《春秋》为作《左传》的对象，断不至如此空疏。近人如陈澧（兰甫）等，知刘歆牵强地加上几句“段不弟，故不言弟”一类的语句，不足令《左传》与《春秋》发生关系，便曲说谓传释《春秋》之方法有二：一是传《春秋》之义；一是传《春秋》之事。前者《公羊》《谷梁》可以做代表，后者《左传》可以做代表；果如陈氏所说，《左传》的终止期后《春秋》十三年又何以解释之呢？有传无经，或有经无传的，又何以解释之呢？因此编者在编纂本书的时候，很大胆地把《左传》里面的解经的句语删去；私意本不信《左传》为解释《春秋》之书，同时以为今日我们读《左传》的，因为它在中国历史上和文学上占有位置，非因它是一本解释《春秋》的书，当然用不到那赘累的解经的语句。

三　左传的作者

《左传》的真伪问题，上面已经说过了。编者相信《左传》是真的秦以前的作品，是采取古文家的主张；相信《左传》里面解经的句语，是刘歆或与他同时的人所加上去的，是采取今文家主张的一部分。这个概念，折衷于两说之间，虽不能说一定可靠，却也颇为稳健。除了《左传》的真伪问题外，左传作者的问题，也要注意。最大的记载，有下列两说：（一）《汉书·艺文志》说："周室既微，载籍残缺，仲尼思前圣之业，以鲁……史官有法，故与左丘明观其《史记》，据行事，仍人道，因兴以立功，败以成罚，假日月以定历数，藉朝聘以正礼乐。有所褒讳贬损，不可书见，口授弟子，弟子退而异言，丘明恐弟子各安其意，以失其真，故论本事以作传，明夫子之不以空言说经也。"（二）《史记·十二诸侯年表》说："孔子西观周室，论史记旧闻，兴于鲁而次于《春秋》……七十子之徒，口授其传指，为有所刺讥褒讳挹损之文词，不可以书见也。鲁君子左丘明，惧弟子人人异端，各安其意失其真，故因孔子史记具论其语，成《左氏春秋》。"以上两说，都以《左传》作者为左丘明，而两书为我国历史的大著作，内容原极真确。唯崔适的《史记探源》卷四《十二诸侯年表不可以书见也》条下有谓："此表上云：'七十子口授不可书见，'中云：'左丘明因孔子史记，具论其语，'则是书见，而非口授矣。太史公一人之言，岂应背谬若此？……刘歆让太常博士曰：'或谓《左氏》为不传《春秋》，’如此表已云：‘左丘明……成《左氏春秋》，’歆何不引太史公之言以折之耶？《七略》云：‘仲尼以鲁史官有法，与左丘明观其史记，有所褒毁贬损，不可书见，口授弟子，弟子退而异言，丘明恐弟子各安其意，以失其真，故论本事而作《传》。’与此表意同，《七略》与上下文意相联，此与上下文意相背，则非《七略》录此表，乃窜《七略》入此表也。”崔氏之说，源源本本，极可信。《十二诸侯年表》所说的既已动摇，那么《汉书》比《史记》及《七略》尤后，所称“左丘明……论本事作传”，想亦以讹传讹，因袭之误，且《左传》的作者，据考证的结果，出生的时期，约在战国中叶；左丘明在《论语》中，孔子曾提及过，注家更谓为孔子以前闻人，时代相去，差不多一个世纪，那么左丘明断不是《左传》的作者可知。普通人因受了《史记》和《汉书》的暗示，说到《左传》的作者，很容易举出个左丘明来，这个观念似乎要改正；即不改正，也要对它抱相当的怀疑。

编者说左传的作者为战国时人，有四个证据：（一）《左传》终记韩魏和智伯的事又举赵襄子的谥号，从前的人，必要死后才有人为他立谥号，襄子的死，后孔子七十八年，已是战国的时候，《左传》成书，后于襄子的死，这是《左传》作者为战国时人第一个证据；（二）《左传》文：“战于麻隧，秦师败绩，获不更女父”，又：“秦庶长鲍庶长武帅师及晋师战栎”。秦至孝公时立赏级之爵，方有“不更”“庶长”之号，这是《左传》作者为战国时人第二个证据；（三）《左传》叙宫之奇以其族行，有“虞不腊矣”句，秦惠王十二年初腊，这是《左传》作者为战国时人第三个证据；（四）《左传》有“左师展将以公乘马而归”一语，春秋时，只有车战的方法，没有骑兵，战国时苏秦合纵六国，始有“车千乘，骑万匹”之语，这是《左传》作者为战国时人第四个证据。此外，《左传》里面的卜筮，鲜有不中，如史苏之占等，则尚可信，盖晋惠之获，伯姬之嫁，两事都在春秋初期，作者故神其说，以骇听闻，犹是中国文人的老脾气，若陈敬仲初亡于齐，即言其“八世之后，莫之与京”，以现世眼光观之，《左传》作者如非战国时人，安能有此神通？编者敢断定《左传》是战国时一位失名作家的作品。这位作家很好谈战争的事，很好记载那些国际间交涉隽妙的辞令，也许他是一位纵横捭阖的策士如孙膑或张仪、苏秦之流；不过现存的古书有限，还没有方法考证出《左传》作者的真姓名罢了。近人有根据《左传》里面记载分量之多寡，以《左传》作者为晋国人。春秋时晋为大国，记载当然比较他国要多，此说恐不能成立。前人亦有谓《左传》作者为楚左史倚相之后的，并无证据，更不足信。

四　本编的编例

以上把《左传》的价值、真伪、前人对《左传》误解的纠正和《左传》作者的年代，都说明白了，读者也许对《左传》得了个粗浅的认识。最后，编者于本编编纂的体例，也不能不说一说。

选辑《左传》，编者认为有两点须兼筹并顾：一点是文学；一点是史学。从前一点，本编所选的几篇文字，已很足供读者的观摩欣赏，可不赘述；从后一点，最好是捡几桩有关时代变迁的大事，系统地整理一番，藉省读者的脑力。春秋一代的大事，无非是根于周室的衰微，演成诸侯争霸的活剧，本编便依此标准，首先提出郑庄的跋扈，做一个王纲完全扫灭的表示，随后便是齐、晋、秦、楚各大国迭起野心，开出时代的局面，直到吴、越登场，便是这时代的尾声，而二百数十年间的史实，大致已尽于是了。至整理的方法，要算清代马骕所著的《左传事纬》最有头绪，本编便参照办理。编者以为这个编例，还算清楚，也算扼要，读者也还容易研究。倘蒙海内名达加以指正，不胜欣幸！

梁宽于广东岭南大学

1931年4月6日

目　录

郑庄之跋扈

鲁隐公元年——桓公五年

初，郑武公娶于申①，曰武姜②，生庄公及共叔段。庄公寤生③，惊姜氏，故名曰寤生，遂恶之。爱共叔段，欲立之，亟请于武公，公弗许。及庄公即位，为之请制④，公曰："制，岩邑也，虢叔死焉⑤，佗邑唯命。"请京⑥，使居之，谓之京城大叔⑦。

---

①申：姜姓国，伯夷之后，今河南南阳。　②武：从夫谥；姜：从母国姓。　③寤（wù）生：犹言逆生，现代谓之足先出。　④制：地名，今河南荥阳，亦名虎牢关，本为东虢（guó）国故地。　⑤虢叔恃险而不修德，为郑所灭。⑥京：郑邑名，今河南荥阳。　⑦大：同"太"，本指其位列之在前。

祭仲①曰："都城过百雉②，国之害也。先王之制：大都，不过参国之一③；中，五之一；小，九之一。今京不度，非制也，君将不堪。"公曰："姜氏欲之，焉辟害？"对曰："姜氏何厌之有？不如早为之所，无使滋蔓；蔓，难图也。蔓草犹不可除，况君之宠弟乎？”公曰：“多行不义，必自毙，子姑待之！”

---

①祭仲：郑大夫，字仲足。　②古建筑量法，长一丈，高一丈谓之堵，三堵曰雉，则雉高一丈长三丈。　③大都之面积比全国之面积，不得超过三分之一。

既而大叔命西鄙、北鄙贰于己[1]。公子吕[2]曰：“国不堪贰，君将若之何？欲与大叔，臣请事之；若弗与，则请除之，无生民心。”公曰：“无庸，将自及。”大叔又收贰以为己邑，至于廪延[3]，子封曰：“可矣，厚将得众。”公曰：“不义，不昵[4]。厚将崩。”

---

①贰：两属之地，一方面属庄公，一方面属叔段者。②公子吕：字子封，郑公族。　③廪（lǐn）延：郑西北鄙邑，今河南延津附近。　④昵（nì）：依《说文》为黏连之意，犹今言不义则不能团结其众。

大叔完、聚[1]，缮[2]甲、兵，具卒、乘，将袭[3]郑，夫人将启之[4]。公闻其期，曰：“可矣。”命子封帅车二百乘[5]以伐京。京叛大叔段。段入于鄢[6]。公伐诸鄢。五月辛丑，大叔出奔共[7]。

---

①完：谓完其城郭；聚：谓聚粮食。　②缮：治，修理。③袭：行军不用钟鼓，今言偷袭。　④启：内应。　⑤春

秋时多以车战，车一辆谓之一乘。　⑥鄢：本妘姓国，今河南鄢陵。　⑦共：今河南辉县。

遂置姜氏于城颍①，而誓之曰："不及黄泉，无相见也！"既而悔之。

颍考叔为颍谷封人②，闻之，有献于公。公赐之食。食舍肉。公问之。对曰："小人有母，皆尝小人之食矣，未尝君之羹，请以遗之！"公曰："尔有母遗，繄③我独无！"颍考叔曰："敢问何谓也？"公语之故，且告之悔。对曰："君何患焉！若阙④地及泉，隧而相见，其谁曰不然？"公从之。公入而赋："大隧之中，其乐也融融！"姜出而赋："大隧之外，其乐也泄泄！"遂为母子如初。君子曰⑤："颍考叔，纯孝也，爱其母，施⑥及庄公。《诗》曰：'孝子不匮，永锡尔类⑦。'其是之谓乎。"

---

①城颍：郑之别邑，今河南临颍西北。　②颍谷：今河南登封。封人：为镇守边疆之地方官。　③繄（yī）：语助词，无义。　④阙：同"掘"。　⑤《左传》所称君子曰，或为作者自己之议论，或为作者取他人之言论。　⑥施：去声，移。　⑦见《诗经·大雅·既醉》。言孝子为孝，无有竭尽之时，故能以此孝道长赐予汝之族类。

郑伯侵陈，大获①。

往岁，郑伯请成于陈②，陈侯③不许，五父④谏曰："亲仁、善邻，国之宝也。君其许郑！”陈侯曰：“宋、卫实难⑤，郑何能为？”遂不许。

君子曰：“善不可失，恶不可长，其陈桓公之谓乎。长恶不悛⑥，从自及也。虽欲救之，其将能乎？《商书》曰：‘恶之易也，如火之燎于原，不可乡迩，其犹可扑灭？⑦’周任⑧有言曰：‘为国家者，见恶，如农夫之务去草焉，芟夷蕴崇之⑨，绝其本根，勿使能殖，则善者信矣⑩。’”

陈及郑平。十二月，陈五父如郑莅盟⑪。壬申，及郑伯盟，歃如忘。

---

①凡师无钟鼓曰侵。大获者，谓虏俘甚多。 ②请成：求和也。 ③陈侯：陈桓公鲍也。 ④五父：公子佗也，桓公弟。 ⑤言宋、卫国大，实可畏惧。 ⑥悛：改。⑦《商书》“盘庚”之词。“恶之易也”句，今“盘庚”无。⑧周任：周之贤大夫。 ⑨芟夷：即芸。蕴崇：即耔。堆积附着苗根，让其发酵肥田。 ⑩信：同“伸”。 ⑪如：往；莅：临。

北戎侵郑①。郑伯御之，患戎师，曰：“彼徒我车，惧其侵轶我也②。”公子突③曰：“使勇而无刚者④，尝⑤寇而速去之。君为三覆⑥以待之。戎轻而不整，贪而无亲；胜不相让，败不相救。先者见获，必务进；进而遇覆，必速奔。后者不救，则无继矣。乃可以逞。”从之。

戎人之前遇覆者奔，祝聃逐之，衷戎师⑦，前后击之，尽殪[8]。戎师大奔。十一月甲寅，郑人大败戎师。

---

①北戎：或大戎、小戎，今山西交城；或茅戎，今山西平陆。 ②轶：突。 ③公子突：庄公次子。 ④勇则敢于躁进，可以试敌之坚锐，无刚则不耻速退，可以致敌之追踪。 ⑤尝：挑战。 ⑥覆：伏兵。 ⑦祝聃：郑大夫。衷：横击其中部。 ⑧殪（yì）：死。

郑伯将伐许[1]。五月甲辰，授兵于大宫[2]。公孙阏[3]与颍考叔争车，颍考叔挟辀以走[4]，子都拔棘[5]以逐之。及大逵[6]，弗及，子都怒。

秋，七月，公会齐侯、郑伯伐许[7]。庚辰，傅[8]于许。颍考叔取郑伯之旗蝥弧[9]以先登，子都自下射之，颠。瑕叔盈[10]又以蝥弧登，周麾而呼曰："君登矣！"郑师毕登。壬午，遂入许。许庄公奔卫。

齐侯以许让公，公曰："君谓许不共，故从君讨之。许既伏其罪矣，虽君有命，寡人弗敢与闻。"乃与郑人。

---

①许：姜姓国，男爵，今河南许昌。 ②大宫：郑之祖庙。 ③公孙阏：字子都，郑大夫。 ④辀（zhōu）：车辕。 ⑤棘：戟。 ⑥逵：宽阔能并容九具车马者。 ⑦公：鲁公；齐侯：僖公禄父。 ⑧傅：附。 ⑨蝥（máo）弧：旗名。 ⑩瑕叔盈：郑大夫。

郑伯使许大夫百里奉许叔①以居许东偏，曰："天祸许国，鬼神实不逞于许君②，而假手于我寡人。寡人唯是一二父兄不能共亿③，其敢以许自为功乎？寡人有弟，不能和协，而使糊其口于四方，其况能久有许乎？吾子其奉许叔以抚柔此民也，吾将使获也④佐吾子。若寡人得没于地，天其以礼悔祸于许，无宁兹许公复奉其社稷⑤，唯我郑国之有请谒焉，如旧昏媾⑥；其能降以相从也。无滋他族，实逼处此，以与我郑国争此土也。吾子孙其覆亡之不暇，而况能禋⑦祀许乎？寡人之使吾子处此，不唯许国之为，亦聊以固吾圉也⑧。"乃使公孙获处许西偏，曰："凡而⑨器用财贿，无置于许。我死，乃亟去之！吾先君新邑于此⑩，王室而既卑矣，周之子孙日失其序。夫许，大岳⑪之胤也。天而既厌周德矣，吾其能与许争乎？"

君子谓郑庄公："于是乎有礼。礼，经国家，定社稷，序民人，利后嗣者也。许，无刑⑫而伐之，服而舍之，度德而处之，量力而行之。相时而动，无累后人，可谓知礼矣。"

---

①许叔：许君之弟。 ②不能逞其降祸之志。 ③共亿：相安。 ④获：即下文之公孙获，郑大夫。 ⑤社稷：国家之代称。 ⑥妇之父曰"昏"，重昏曰"媾"。 ⑦禋（yīn）：诚敬清洁以祀祭。 ⑧圉（yǔ）：边陲。 ⑨而：汝。 ⑩言当先君武公初迁于新郑之时。 ⑪大岳：神农。 ⑫刑：法。

郑伯使卒出豭①，行②出犬、鸡，以诅③射颍考叔者。君子谓郑庄公："失政刑矣。政以治民，刑以正邪。既无德政，又无威刑，是以及邪。邪而诅之，将何益矣！"

①百人为卒。豭（jiā）：雄猪。　②二十五人为行。③请神加殃于所恶之人曰"诅"。

王①夺郑伯政，郑伯不朝。秋，王以诸侯伐郑②，郑伯御之。

王为中军；虢公林父③将右军，蔡④人、卫人属焉；周公黑肩将左军，陈人属焉。

郑子元请为左拒⑤，以当蔡人、卫人；为右拒，以当陈人，曰："陈乱，民莫有斗心⑥。若先犯之，必奔。王卒顾之，必乱。蔡、卫不枝，固将先奔，既而萃于王卒，可以集事。"从之。曼伯⑦为右拒，祭仲足为左拒，原繁、高渠弥⑧以中军奉公，为鱼丽⑨之阵。先偏后伍，伍承弥缝⑩。战于繻葛⑪，命二拒曰："旝动而鼓⑫！"蔡、卫、陈皆奔，王卒乱，郑师合以攻之，王卒大败。祝聃射王中肩，王亦能军⑬。祝聃请从之，公曰："君子不欲多上人，况敢陵天子乎？苟自救也，社稷无陨，多矣。"夜，郑伯使祭足劳王，且问左右。

①王：桓王林。　②此桓公五年秋事。　③虢公林父：一称虢仲，时为王卿士。　④蔡：姬姓国，始封之君为周文

王孙湖，今河南汝南、上蔡、新蔡等。 ⑤子元：即公子突。拒：方阵。 ⑥时陈桓公卒，国内乱。 ⑦曼伯：公子忽之字。 ⑧原繁、高渠弥：郑大夫。 ⑨鱼丽：阵名。⑩车战，二十五乘为偏，五人为伍。言以车居前，后继以伍，承偏之阙漏，而弥缝之。 ⑪繻（xū）葛：今河南长葛。⑫旝（kuài）：大将所用军旗，执以为号令者。 ⑬言虽兵败身伤，犹能使兵不散。

齐桓霸业

鲁庄公十三年——僖公九年

十三年[①]春，会于北杏[②]，以平宋乱[③]。遂[④]人不至。夏，齐人灭遂而戍之[⑤]。

---

①鲁庄公十三年。　②北杏：齐地名，今山东东阿北。③鲁庄公十二年，宋万弑其君捷，故齐桓公往平之。　④遂：国名，今山东长清南。　⑤戍：遣兵往守之。

宋人背北杏之会。

十四年春，诸侯伐宋，齐请师于周。夏，单伯[①]会之，取成于宋而还。

冬，会于鄄[②]，宋服故也。

---

①单伯：周大夫　②鄄（juàn）：卫地，今河南范县。

十五年春，复会焉，齐始霸也。

狄人伐邢[①]。管敬仲[②]言于齐侯曰："戎狄豺狼，不可厌也；诸夏亲昵，不可弃也。宴安酖毒[③]，不可怀也。《诗》云：

‘岂不怀归？畏此简书④。’简书，同恶相恤之谓也⑤。请救邢以从简书。”齐人救邢。

---

①邢：国名，周公之后，今河北邢台。此鲁闵公元年事。②管敬仲：即管仲。　③酖（dān）：同“鸩”，毒鸟，紫黑色，以羽画酒可杀人。　④见《诗经·小雅·出车》。⑤简书所载，盖谓“同恶相恤”。

冬①十二月，狄人伐卫。卫懿公好鹤，鹤有乘轩者②。将战，国人受甲者皆曰：“使鹤！鹤实有禄位，余焉能战？”公与石祁子玦③，与宁庄子矢④，使守⑤，曰：“以此赞国⑥，择利而为之。”与夫人绣衣⑦，曰：“听于二子。”渠孔御戎⑧，子伯为右⑨，黄夷前驱，孔婴齐殿⑩。及狄人战于荧泽⑪，卫师败绩⑫，遂灭卫。卫侯不去其旗，是以甚败。狄人囚史华龙滑与礼孔，以逐卫人。二人⑬曰：“我，大史也，实掌其祭。不先，国不可得也。”乃先之。至，则告守⑭曰：“不可待也。”夜与国人出。狄入卫，遂从之，又败诸河⑮。

---

①闵公二年冬。　②轩：大夫之车；公好鹤，故以大夫之车载之。　③石祁子：卫大夫。玦：玉块，以示诀断。④宁庄子：宁穆仲静之子，名速，卫大夫。矢，示以御难。⑤守：守国。　⑥赞：助。　⑦取其文意顺序。　⑧渠孔：卫臣。御戎：御戎车。　⑨子伯：卫臣。右：武士执兵居戎车之右。　⑩黄夷，孔婴齐：皆卫臣。殿：居后。

⑪荧泽：卫地名，今郑州西北古荥镇。　⑫大崩曰“败绩”。⑬二人：华龙滑与礼孔，卫之太史。　⑭守：即石宁二大夫。⑮卫将东走渡河，狄复逐而败之。

初，惠公之即位也，少[①]。齐人使昭伯烝于宣姜[②]，不可，强之。生齐子、戴公、文公、宋桓夫人、许穆夫人。文公为卫之多患也，先适齐。及败，宋桓公[③]逆诸河。宵济。卫之遗民男女七百有三十人，益之以共、滕之民[④]为五千人。立戴公以庐于曹[⑤]，许穆夫人赋《载驰》[⑥]。齐侯使公子无亏帅车三百乘、甲士三千人以戍曹。归[⑦]公乘马，祭服五称[⑧]，牛、羊、豕、鸡、狗皆三百与门材[⑨]。归夫人鱼轩[⑩]，重锦三十两[⑪]。

---

①惠公：惠公朔，宣公之子，即位时年仅十余岁。　②昭伯：惠公庶兄，名顽。烝：以下淫上。宣姜：惠公之母。③宋桓公：名御说，宋襄之父。　④共、滕：卫之别邑。⑤曹：《诗经》作“漕”，卫下邑，今河南滑县。戴公既卒，立文公。　⑥《载驰》：见《诗经·国风·鄘风》，言思归宁而义不可得。　⑦归：还。　⑧衣单复具曰“称”。⑨门材：为门户之材。　⑩鱼轩：君夫人所坐之车，以鱼皮为饰。　⑪重锦：锦之熟细。古者布帛二丈为一端，两端为一匹，匹亦称两。

僖之元年，齐桓公迁邢于夷仪[①]。二年，封卫于楚丘[②]。

邢迁如归，卫国忘亡。

---

①夷仪：今山东聊城西十二里。　　②楚丘：卫地，今河南滑县东。

秋[①]，会于阳谷[②]，谋伐楚也。

---

①鲁僖公三年秋。　　②阳谷：齐地，今山东阳谷。

楚人伐郑，郑伯欲成。孔叔[①]不可，曰："齐方勤我，弃德不祥。"

---

①孔叔：郑大夫。

齐侯与蔡姬[①]乘舟于囿，荡公。公惧，变色；禁之，不可。公怒，归之，未绝之也。蔡人嫁之。

---

①蔡姬：桓公之妾。

四年春，齐侯以诸侯之师侵蔡。蔡溃[①]，遂伐楚。楚子使与师言曰："君处北海，寡人处南海，唯是风马牛不相及也[②]。不虞君之涉吾地也，何故？"管仲对曰："昔召康公[③]命我先君大公曰：'五侯九伯，女实征之，以夹辅周室！'赐我先君履[④]，东至于海[⑤]，西至于河[⑥]，南至于穆陵[⑦]，北至于无棣[⑧]。尔贡包茅不入，王祭不共，无以缩酒[⑨]，寡人是征。昭王南征而不复⑩，寡人是问。”对曰：“贡之不入，寡君之罪也，敢不共给？昭王之不复，君其问诸水滨！”师进，次于陉⑪。

---

①溃：逃散。　②北海：即渤海，齐地，今山东。南海：对北海而言，是当时楚界，未至今之南海。牝牡相诱曰风，言两地远隔，牝牡不能相诱，况马牛乃异类。　③召康公：周太保召公奭。　④履：所践履之界，非齐国疆土，乃指得以征代之范围。　⑤谓尽乐安北海之东界。　⑥桓公时，齐之西境，界在九河之最西徒骇河。　⑦穆陵：今山东临朐东南有穆陵关，在大岘山上；或今湖北麻城北。　⑧无棣：故城，今山东庆云东。　⑨包：束。茅：青茅。束茅而灌之以酒曰缩酒。包茅乃荆州之贡物，楚不修职贡，故管仲责之。共：同“供”。　⑩昭王：成王之孙，南巡狩，涉汉，船坏而溺死。　⑪次：师止。陉：楚地，今河南偃师。

夏，楚子使屈完如师①。师退，次于召陵②。

齐侯陈诸侯之师，与屈完乘而观之。齐侯曰：“岂不谷是为？先君之好是继。与不谷同好，如何？③”对曰：“君惠徼福于敝邑之社稷，辱收寡君，寡君之愿也。”齐侯曰：“以此众战，谁能御之？以此攻城，何城不克？”对曰：“君若以德绥诸侯，谁敢不服？君若以力，楚国方城以为城，汉水以为池④，虽众，无所用之。”屈完及诸侯盟⑤。

①屈完：楚大夫，使往齐师观兵势。　②召陵：楚地，今河南偃师东。　③言诸侯之附从，非为己，乃寻先君之好，谦而自广，因求楚亦与同好。　④方城：凡今之桐柏、大别诸山，楚统名之曰方城。汉水：流贯陕西汉中、安康，湖北丹江口、襄阳、宜城、钟祥、天门、潜江、仙桃、汉川，在武汉市汉口龙王庙汇入长江。汉水以为池：言有天然山水之险固，可为城池。　⑤盟：杀牲歃血，告于神明以结永好也。

会于首止[①]，会王大子郑，谋宁周也[②]。

①首止：卫地，今河南睢县东南。此僖公五年事。②郑：襄王名。惠王以后宠少子带，欲废郑而立带。故桓公会太子以定其位，参阅后《晋文建霸》注。

秋，诸侯盟。王使周公[①]召郑伯，曰："吾抚女以从楚，辅之以晋，可以少安[②]。"郑伯喜于王命，而惧其不朝于齐也，故逃归不盟。孔叔[③]止之，曰："国君不可以轻，轻则失亲；失亲[④]，患必至。病而乞盟，所丧多矣。君必悔之。"弗听，逃其师而归。

①周公：即下文之宰孔，王卿士。　②惠王怨齐定太子之位，故召郑伯叛齐。　③孔叔：郑大夫。　④亲：党援。

夏[①]，诸侯伐郑，以其逃首止之盟故也。围新密，郑所以不时城也[2]。

---

①僖公六年夏。　②新密：郑密邑，今河南新密。郑以非时兴土功，故齐桓讨之。

秋，盟于宁母，谋郑故也[1]。

管仲言于齐侯曰："臣闻之，招携[2]以礼，怀远以德。德、礼不易，无人不怀。"齐侯修礼于诸侯，诸侯官受方物[3]。

郑伯使大子华[4]听命于会，言于齐侯曰："泄氏、孔氏、子人氏三族，实违君命。君若去之以为成[5]，我以郑为内臣，君亦无所不利焉。"齐侯将许之。管仲曰："君以礼与信属诸侯，而以奸终之，无乃不可乎？子父不奸之谓礼，守命共时之谓信。违此二者，奸莫大焉。"公曰："诸侯有讨于郑，未捷；今苟有衅，从之，不亦可乎？"对曰："君若绥之以德，加之以训，辞，而帅诸侯以讨郑。郑将覆亡之不暇，岂敢不惧？若总其罪人以临之[6]，郑有辞矣[7]，何惧？且夫合诸侯以崇德也。会而列奸，何以示后嗣？夫诸侯之会，其德、刑、礼、义，无国不记。记奸之位[8]，君盟替矣。作而不记，非盛德也。君其勿许！郑必受盟。夫子华既为大子，而求介于大国以弱其国，亦必不免。郑有叔詹、堵叔、师叔[9]三良为政，未可间也。"齐侯辞焉。子华由是得罪于郑。

冬，郑伯使请盟于齐。

---

①此僖公七年秋事。宁母：齐地名，今山东鱼台东。

②携：离异。　③诸侯之官司各于齐受其方所当贡于天子之物，盖齐方富强，先代诸侯出贡物。　④太子华：郑文公之子。　⑤成：和好。　⑥总：领。罪人：即谓太子华，奸父命者。　⑦言将以大义为辞。　⑧奉奸人在君位而记之。⑨三人为郑大夫。

八年春，盟于洮①，谋王室也②。郑伯乞盟，请服也。

---

①洮：曹地名。　②时惠王崩，襄王以王子带故，惧不立，故齐会诸侯谋之。

夏，会于葵丘①，寻盟，且修好，礼也。

王使宰孔②赐齐侯胙，曰："天子有事③于文、武，使孔赐伯舅胙。"齐侯将下、拜。孔曰："且有后命——天子使孔曰：'以伯舅耋老④，加劳，赐一级，无下拜！'"对曰："天威不违颜咫尺⑤，小白，余⑥敢贪天子之命，无下拜？——恐陨越于下，以遗天子羞。敢不下拜？"下，拜；登，受。

秋，齐侯盟诸侯于葵丘，曰："凡我同盟之人，既盟之后，言归于好。"

宰孔先归，遇晋侯，曰："可无会也。齐侯不务德而勤远略，故北伐山戎⑦，南伐楚，西为此会也。东略之不知，西则否矣。其在乱乎⑧！君务靖乱，无勤于行。"晋侯乃还。

---

①葵丘：宋地名，今河南兰考有葵丘聚，其地有盟台，亦

名盟台乡。此僖公九年事。　②宰孔：即宰周公，王卿士。③有事：有祀事。　④伯舅：指桓公，齐女多嫁于周，故称。七十曰“耋（dié）”。　⑤违：离。颜：颜面。咫：八寸曰咫。咫尺言其近。　⑥小白：桓公名。小白、余俱为主语，同位。⑦山戎：即北戎。齐桓伐山戎，事在鲁庄公三十一年。⑧言即复西略，亦在察西方诸国之有乱耳。

宋襄图霸

鲁僖公九年——二十三年

宋襄公即位①，以公子目夷②为仁，使为左师③以听政，于是宋治。故鱼氏世为左师。

---

①鲁僖公九年事。襄公：名兹父。　②公子目夷：字子鱼，襄公庶兄。　③宋有左右二师，盖犹周之乡师。周六乡：分为左右，乡师四人，每人共领三乡。宋四乡：亦分左右，以左师领左二乡，右师领右二乡。

十六年春，陨石于宋五，陨星也。六鹢退飞①，过宋都，风也。周内史叔兴②聘于宋，宋襄公问焉，曰："是何祥也？吉凶焉在？"对曰："今兹鲁多大丧③，明年齐有乱，君将得诸侯而不终。"退而告人曰："君失问。是阴阳之事④，非吉凶所生也。吉凶由人，吾不敢逆君故也。"

---

①鹢（yì）：水鸟，高飞遇风而退。　②叔兴：一称叔兴父。内史：《周礼》，春官之属，居宫中，贰太宰以诏王治者。③今兹：今年。季友、戴伯之卒，所谓多大丧。　④言此乃

气候的变动。

齐侯之夫人三：王姬、徐嬴、蔡姬，皆无子。齐侯好内①，多内宠，内嬖如夫人者六人：长卫姬，生武孟②；少卫姬，生惠公③；郑姬，生孝公④；葛嬴，生昭公⑤；密姬，生懿公⑥；宋华子⑦，生公子雍。公与管仲属⑧孝公于宋襄公，以为大子。雍巫有宠于卫共姬⑨，因寺人貂⑩以荐羞于公，亦有宠。公许之立武孟。管仲卒，五公子皆求立。冬十一月乙亥，齐桓公卒⑪。易牙入，与寺人貂因内宠以杀群吏，而立公子无亏。孝公奔宋。十二月乙亥，赴。辛巳，夜殡⑫。

---

①好内：好色。　②武孟：公子无亏。　③惠公：公子元。　④孝公：公子昭。　⑤昭公：公子潘。　⑥懿公：公子商人。　⑦宋华子：宋国华氏之女，子姓。　⑧属：托。　⑨雍巫：主饔之官，名巫，字易牙。卫共姬：即生武孟之卫姬。　⑩寺人貂：寺人之名貂者。寺人，即后世之宦官。　⑪鲁僖公十七年事。　⑫计桓公卒六十七日始殡。按礼，殡于日出时，言夜殡，明其非常。

十八年春，宋襄公以诸侯伐齐。三月，齐人杀无亏。

齐人将立孝公，不胜，四公子之徒遂与宋人战。夏五月，宋败齐师于甗①，立孝公而还。

秋八月，葬齐桓公。

①甗（yǎn）：齐地名。故城在今山东济南附近。

宋人执滕宣公[①]。

①滕宣公：名婴齐，宋乘为会而执之，僖公十九年事。

夏[①]，宋公使邾文公用鄫子于次睢之社[②]，欲以属东夷[③]。司马子鱼曰："古者六畜不相为用，小事不用大牲，而况敢用人乎？祭祀以为人也。民，神之主也。用人，其谁飨之？齐桓公存三亡国[④]以属诸侯，义士犹曰薄德，今一会而虐二国之君[⑤]，又用诸淫昏之鬼。将以求霸，不亦难乎？得死为幸。"

①僖公十九年夏。　②邾：曹姓国，子爵，故地即今山东邹城。鄫：姒姓国，今山东苍山。用：杀人以祀神。次睢之社：社名，今江苏铜山附近。　③次睢之社，原为东夷所信奉，襄公杀人以祀，盖欲得东夷之心。　④三亡国：鲁、卫、邢。　⑤二国之君：一即鄫子，一即前执之滕宣公。

宋人围曹，讨不服也。子鱼言于宋公曰："文王闻崇德乱而伐之[①]，军三旬而不降。退修教而复伐之，因垒而降[②]。《诗》曰：'刑于寡妻，至于兄弟，以御于家邦[③]。'今君德无乃犹有所阙，而以伐人，若之何？盍[④]姑内省德乎，无阙而后动。"

①崇：古国名，其君崇侯虎无道，文王伐之。　②因垒：复攻之时，仍用前次所筑之壁垒。　③《诗经·大雅·思齐》言文王之教，自近而远。寡妻：嫡妻，指文王后太姒。刑：法。御：治。　④盍（hé）：何不。

宋襄公欲合诸侯，臧文仲闻之，曰："以欲从人，则可；以人从欲，鲜[1]济。"[2]

①鲜：少。　②此僖公二十年之记载。

二十一年春，宋人为鹿上之盟[1]，以求诸侯于楚。楚人许之。公子目夷曰："小国争盟，祸也，宋其亡乎！幸而后败！"

①鹿上：汝阴原鹿县，今安徽阜阳南。

秋，诸侯会宋公于盂[1]。子鱼曰："祸其在此乎！君欲已甚，其何以堪之？"于是楚执宋公以伐宋。

冬，会于薄[2]以释之。子鱼曰："祸犹未也，未足以惩君。"

①盂：今河南睢县。　②薄：宋地，今河南。

三月[1]，郑伯如楚。

夏，宋公伐郑。子鱼曰："所谓祸在此矣。"

①僖公二十二年三月。

楚人伐宋以救郑。宋公①将战，大司马固②谏曰："天之弃商③久矣，君将兴之，弗可赦也已。"弗听。

冬十一月，己巳。朔，宋公及楚人战于泓④。宋人既成列，楚人未既⑤济。司马曰："彼众我寡，及其未既济也，请击之。"公曰："不可。"既济而未成列，又以告。公曰："未可。"既陈而后击之，宋师败绩，公伤股。门官歼焉⑥。

国人皆咎公。公曰："君子不重伤⑦，不禽二毛⑧。古之为军也，不以阻隘也⑨。寡人虽亡国之余⑩，不鼓不成列⑪。"子鱼曰："君未知战。勍⑫敌之人，隘而不列，天赞我也；阻而鼓之，不亦可乎？犹有惧焉。且今之勍者，皆吾敌也。虽及胡耇⑬，获则取之，何有于二毛？明耻、教战，求杀敌也。伤未及死，如何勿重？若爱重伤，则如勿伤；爱其二毛，则如服焉。三军以利用也，金鼓以声气也。利而用之，阻隘可也；声盛致志，鼓儳可也⑭。"

夏，五月⑮，宋襄公卒，伤于泓故也。

---

①宋：商之后。　②固：公孙固，宋庄公之孙，时为大司马。　③弃商：即弃宋。　④泓：水名，今河南柘城。⑤既：尽。　⑥门官：即门子，卿大夫之子弟卫公。襄九年传，大夫门子皆从郑伯。　⑦重伤：敌既受伤，不再伤之。⑧二毛：发斑白者。　⑨阻：迫。隘：狭，言迫人于险地。　⑩亡国之余：宋乃殷商之后，殷商灭亡于周。⑪鸣鼓，为交战之号。鼓不成列，即鼓以击之，是以诈胜，可

耻。　　⑫勍（qíng）：强。　　⑬胡：寿。耇（gǒu）：亦为寿。
⑭儳（chán）：谓不齐，未整陈。　　⑮僖公二十三年之夏。

晋文建霸

鲁僖公二十三年——二十八年

晋公子重耳之及于难也[1]，晋人伐诸蒲城[2]。蒲城人欲战，重耳不可，曰："保君父之命而享其生禄[3]，于是乎得人。有人而校[4]，罪莫大焉。吾其奔也。"遂奔狄。从者狐偃、赵衰、颠颉、魏武子、司空季子[5]。

①重耳：晋献公之子，献公嬖骊姬，信其谗而杀太子申生，又使人伐其子重耳、夷吾于各所封之邑。　②蒲城：重耳所封之邑。此鲁僖公五年事。　③保：依靠、仗恃。享：受。生禄：所以养生之禄食。　④校：抵抗。　⑤狐偃：字子犯，为文公舅父，与兄毛皆从亡。赵衰：赵成子，字子余，一称成季，赵夙之子，其后为赵氏。颠颉：城濮战中曾一见，后未显。魏武子：名犨，后为魏氏。司空季子：胥臣也，亦称臼季。

狄人伐廧咎如[1]，获其二女：叔隗、季隗[2]，纳诸公子。公子取季隗，生伯儵[3]、叔刘，以叔隗妻赵衰，生盾[4]。将适齐，谓季隗曰："待我二十五年，不来而后嫁。"对曰："我二十五年矣，又如是而嫁，则就木焉[5]。请待子！"处狄十二年而行⑥。

①廧（sè）咎如：赤狄之别种，隗姓。　②隗：隗姓，从女。　③儵：音 shū。　④盾：赵宣子。　⑤就木：老死而就棺。　⑥重耳以僖公五年奔狄，十六年去狄，计十二年。

过卫，卫文公不礼焉。出于五鹿①，乞食于野人，野人与之块②，公子怒，欲鞭之。子犯曰：“天赐③也。”稽首受而载之。

①五鹿：卫地，今河南濮阳或河北大名，为文公乞食处。②块：土块。　③得土为有国之兆，故云“天赐”。

及齐，齐桓公妻之，有马二十乘。公子安之。从者以为不可。将行，谋于桑下。蚕妾在其上，以告姜氏①。姜氏杀之，而谓公子曰：“子有四方之志，其闻之者，吾杀之矣。”公子曰：“无之。”姜曰：“行也！怀与安，实败名。②”公子不可。姜与子犯谋，醉而遣之。醒，以戈逐子犯。

①姜氏：齐女，重耳妻。　②怀其所爱，安其所居，实足以败坏功名。

及曹，曹共公闻其骈胁①，欲观其裸。浴，薄而观之②。僖负羁③之妻曰：“吾观晋公子之从者，皆足以相国。若以相，夫子必反其国。反其国，必得志于诸侯。得志于诸侯，而诛无礼，曹其首也。子盍蚤自贰焉！”乃馈盘飧[4]，置璧焉。公子受飧反璧。

---

①骈（pián）胁：胁。言闻重耳肋骨比连而上若一骨然。②薄：帷薄，今之帘。 ③僖负羁：曹大夫。 ④飧：水浇饭。《礼记》：臣无境外之交，故以盘盛饭，置玉其中，以馈公子，不令人见。

及宋，宋襄公赠之以马二十乘。

及郑，郑文公亦不礼焉。叔詹[1]谏曰：“臣闻天之所启，人弗及也。晋公子有三焉，天其或者将建诸，君其礼焉！男女同姓，其生不蕃[2]。晋公子，姬出也[3]，而至于今，一也。离外之患[4]，而天下不靖晋国[5]，殆将启之，二也。有三士[6]，足以上人，而从之，三也。晋、郑同侪，其过子弟固将礼焉，况天之所启乎！”弗听。

---

①叔詹：见《齐桓霸业》。 ②蕃：繁昌。同姓则同德，同德则同心，同心则同志，同志虽逮男女不相及，畏黩故也，黩则生怨，怨乱育灾，灾育灭性，故避同姓，畏乱灾也。③晋姬姓，重耳之母。戎女，大戎，亦姬姓，故曰姬出。④言离内患而出亡在外。 ⑤晋自重耳父献公卒后，嬖妾骊姬及娣之子奚齐卓子皆被害不得立，戎女小戎子所生子夷吾因秦助入即位，为惠公，以不睦于秦，为秦所执，后得归，旋卒。子怀公子圉嗣，又无道，故晋国终不靖。 ⑥三士：赵衰、狐偃、贾佗。

及楚，楚子飨之，曰："公子若反晋国，则何以报不谷？"对曰："子、女、玉、帛，则君有之；羽、毛、齿、革，则君地生焉。其波及晋国者，君之余也；其何以报君？"曰："虽然，何以报我？"对曰："若以君之灵，得反晋国，晋、楚治兵，遇于中原，其辟君三舍①。若不获命，其左执鞭、弭，右属櫜、鞬②，以与君周旋。"子玉③请杀之。畏其志大。楚子曰："晋公子广而俭，文而有礼。其从者肃而宽，忠而能力。晋侯无亲④，外内恶之。吾闻姬姓，唐叔之后⑤，其后衰者也，其将由晋公子乎！天将兴之，谁能废之？违天，必有大咎。"乃送诸秦。

---

①辟：同"避"。三十里为一舍。　②弭：弓末无缘者。属：着。櫜（gāo）：用以受箭。鞬（jiàn）：盛弓之物。　③子玉：字得臣，楚大夫。　④晋侯：指惠公，忌刻而无亲近之臣。　⑤唐叔：晋始封之君。

秦伯①纳女五人，怀嬴与焉②。奉匜沃盥③，既而挥之④。怒曰："秦、晋，匹也，何以卑我？"公子惧，降服而囚⑤。他日，公享之。子犯曰："吾不如衰之文也，请使衰从。公子赋《河水》⑥，公赋《六月》⑦。赵衰曰："重耳拜赐！"公子降，拜，稽首，公降一级而辞焉。衰曰："君称所以佐天子者命重耳，重耳敢不拜？"

①秦伯：穆公任好。 ②怀嬴：晋怀公子圉在秦时，秦人曾纳于怀公，故称。 ③奉：同“捧”。匜（yí）：盛水器。沃：浇水。盥：洗手。 ④挥：以湿手挥之，致水溅怀嬴之衣，非礼，故怀嬴怒。 ⑤去上服，自拘囚以谢怀嬴。⑥《河水》：河当作“沔”，字相似误也。 ⑦《六月》：《诗经·小雅》篇名，言尹吉甫佐宣王征伐，以嘱重耳还晋，必能佐天子。

二十四年①春王正月，秦伯纳之……及河②，子犯以璧授公子，曰：“臣负羁绁③，从君巡于天下，臣之罪甚多矣。臣犹知之，而况君乎？请由此亡。”公子曰：“所不与舅氏同心者，有如白水④！”投其璧于河。

济河，围令狐⑤，入桑泉⑥，取臼衰⑦。二月甲午，晋师军于庐柳⑧。秦伯使公子絷⑨如晋师，师退，军于郇⑩。辛丑，狐偃及秦、晋之大夫盟于郇。壬寅，公子入于晋师。丙午，入于曲沃⑪。丁未，朝于武宫⑫。戊申，使杀怀公于高梁⑬。

①鲁僖公二十四年。 ②河：黄河。 ③羁：马络头；绁：马缰。 ④子犯为重耳母舅，故曰舅氏。有如白水：誓辞，言心之明白如水。 ⑤令狐：晋地，故城在今山西临猗西。 ⑥桑泉：晋地，今山西临猗临晋东北。 ⑦臼衰：晋地，今山西运城。 ⑧庐柳：晋地，今山西临猗。 ⑨公子絷（zhí）：秦大夫。 ⑩郇（xún）：晋地，今山西临猗西

南。　⑪曲沃：晋地，今山西闻喜东北。　⑫武宫：文公祖武公之庙。　⑬高梁：晋地，今山西临汾有高梁都，亦名梁墟。

冬，王使来告难①，曰："不谷②不德，得罪于母弟之宠子带③，鄙在郑地汜④，敢告叔父。"臧文仲⑤对曰："天子蒙尘于外⑥，敢不奔问官守⑦？"王使简师父告于晋，使左鄢父告于秦⑧。

①王：襄王郑。来：来鲁。　②不谷：天子自贬之称，时襄王方蒙难。　③子带：襄王同母弟，母惠王后爱之，尝欲废襄王而立为太子，及惠王崩，襄王立，带奔齐，王召之归，王纳狄女为后，带通焉，王废狄后，带遂以狄师攻王，大败周师，王出居郑地汜。　④鄙：野处。汜：地名，今河南襄城东。　⑤臧文仲：名辰，鲁贤大夫。　⑥天子出奔曰"蒙尘"。　⑦官守：王之君臣。奔问官守：犹言奔问左右，恭敬之辞。　⑧简师父、左鄢父：皆周大夫。

秦伯师于河上①，将纳王。狐偃言于晋侯曰："求诸侯，莫如勤王②。诸侯信之，且大义也。继文之业③，而信宣于诸侯，今为可矣。"使卜偃④卜之，曰："吉。遇黄帝战于阪泉之兆⑤。"公曰："吾不堪也⑥。"对曰："周礼未改。今之王，古之帝也⑦。"公曰："筮之⑧。"筮之，遇"大有"䷍之"睽"䷥⑨，曰："吉。遇'公用享于天子'之卦也⑩。战克而王飨，吉孰大焉？且是卦也，天为泽以当日⑪，天子降心以逆公，不亦可乎？‘大有’去‘睽’而复，亦其所也⑫。”

晋侯辞秦师而下⑬。三月⑭甲辰，次于阳樊⑮，右师围温⑯，左师逆王。夏四月丁巳，王入于王城，取大叔于温，杀之于隰城⑰。

---

①河上：黄河之上。 ②求诸侯：求霸诸侯；勤王：勤劳王事。 ③文：晋文侯，曾有功于王室。 ④卜偃：掌卜筮之官，名偃。 ⑤黄帝與神农之后，姜姓。战于阪泉之野，胜之，灼龟得此兆。 ⑥晋为诸侯，不能当天子之兆。⑦言今之周王当此兆，不谓晋。 ⑧筮：古先卜后筮。⑨之：变。言由乾下离上之大有卦，变为兑下离上之睽卦。⑩大有九三之爻辞曰“公用飨于天子”。 ⑪乾为天，兑为泽，乾变为兑而上当离，离为日，日在天则垂耀在泽，故曰天为泽以当日。 ⑫即舍睽卦勿论，复论“大有”，亦有天子降心之象。 ⑬辞让秦师使还，而自以兵顺流而下。 ⑭僖公二十五年三月。 ⑮阳樊：今河南济源东南。 ⑯温：周邑，今河南温县。子带既逐王，以狄后居于温，故晋师围之。⑰隰（xí）：周邑，今河南武陟。

楚子将围宋，使子文治兵于睽①，终朝而毕，不戮一人。子玉复治兵于蒍②，终日而毕，鞭七人，贯三人耳。国老③皆贺子文，子文饮之酒。蒍贾尚幼④，后至，不贺。子文问之，对曰：“不知所贺。子之传政于子玉，曰：‘以靖国也。’⑤靖诸内而败诸外，所获几何？子玉之败，子之举也。举以败国，将何贺焉？子玉刚而无礼，不可以治民，过三百乘，其不能以入矣[⑥]。苟入而贺，何后之有？”

---

①子文：曾为楚令尹，时已去职。睽（kuí）：楚地，今所在不详。　②子玉：成得臣，时为令尹。蒍：楚地，今所在不详。　③国老：国之卿大夫士之致仕者。　④蒍贾：孙叔敖之父。　⑤僖公二十三年，子玉伐陈有功，子文恐其矜功为乱，故使为令尹，谓以靖国，蒍贾特举以非之。　⑥若使为帅过三百乘，即不能入前敌。

冬[①]，楚子及诸侯围宋。宋公孙固[②]如晋告急。先轸[③]曰：“报施、救患，取威、定霸，于是乎在矣。”狐偃曰：“楚始得曹，而新昏于卫，若伐曹、卫，楚必救之，则齐、宋免矣[④]。”于是乎蒐于被庐[⑤]，作三军[⑥]，谋元帅。赵衰曰：“郤縠可。臣亟闻其言矣[⑦]，说礼、乐而敦《诗》《书》[⑧]。《诗》《书》，义之府也；礼、乐，德之则也；德、义，利之本也。《夏书》曰：‘赋纳以言，明试以功，车服以庸。’[⑨]君其试之。”乃使郤縠将中军，郤溱[⑩]佐之；使狐偃将上军，让于狐毛[⑪]，而佐之。命赵衰为卿，让于栾枝[⑫]、先轸。使栾枝将下军，先轸佐之。荀林父御戎[⑬]，魏犨为右。

---

①僖公二十七年冬。　②公孙固：即大司马固，宋庄公之孙。　③先轸：一称原轸，晋大夫。　④前年，楚戍谷

以逼齐。　　⑤蒐：治兵。被庐：晋地。　　⑥大国三军，晋献公作二军，今作三军，成大国之礼。　　⑦亟：频数。⑧说：爱乐。敦：厚重。　　⑨此为《尚书·虞书·益稷》之词，盖孔子未删《书》以前为《夏书》。赋：取，始则取纳其书以观其志，继则明试其事以考其功，有言有功，然后赐之车服以用之。　　⑩溱：郤族人。　　⑪狐毛：偃之兄。　　⑫栾枝：栾贞子，后为栾氏。　　⑬荀林父：中行桓子，意荀息之子，后世为中行氏。

晋侯始入而教其民，二年，欲用之。子犯曰："民未知义，未安其居[①]。"于是乎出定襄王，入务利民，民怀生矣[②]，将用之。子犯曰："民未知信，未宣其用[③]。"于是乎伐原以示之信[④]。民易资者，不求丰焉，明征其辞[⑤]。公曰："可矣乎？"子犯曰："民未知礼，未生其共[⑥]。"于是乎大蒐以示之礼，作执秩以正其官[⑦]，民听不惑，而后用之。出谷戍，释宋围[⑧]，一战而霸，文之教也。

---

①未知尊君亲上之义，用之则苟且幸生，必致于逃亡。②怀生：安居乐业。　　③宣：明，认识。言民未认识信字为用之大。　　④僖公二十五年，晋侯伐原，命三日之粮，原不降，命去之，谍出曰："原将降矣"。军吏曰："请待之。"公曰："信国之宝也……得原失信……所亡兹多。"命去之。　　⑤不诈以求多，而明定契约。　　⑥共：同"恭"。言未生少长恭敬之心。　　⑦执：主。秩：爵位。新设主爵位之官，以辨群臣

之等列。　⑧两事见下文。

二十八年春，晋侯将伐曹，假道于卫。卫人弗许。还，河济自南[①]。侵曹伐卫。正月戊申，取五鹿。二月，晋郤縠卒。原轸将中军，胥臣[②]佐下军，上德也[③]。

---

①从汲县（今卫辉）南渡，出卫之南而东伐曹。　②胥臣：司空季子。　③原轸以下军佐跃为中军师，不按资格，故曰上德。上，即尚。

晋侯、齐侯盟于敛盂[①]。卫侯[②]请盟，晋人弗许。卫侯欲与楚，国人不欲，故出其君，以说[③]于晋。卫侯出居于襄牛[④]。

公子买戍卫[⑤]，楚人救卫，不克。公惧于晋，杀子丛以说焉。谓楚人曰："不卒戍也。"[⑥]

---

①齐侯：昭公潘。敛盂：卫地，今河南濮阳东南。②卫侯：成公郑。　③说：同"悦"，讨好之意。　④襄牛：卫地，今河南范县。　⑤公子买：字子丛，鲁大夫。鲁欲与卫，故戍焉。　⑥僖公惧晋，故杀子丛以悦之，而告楚子丛不终戍事以归，故杀之，杀子丛事在楚救卫之后。

晋侯围曹，门焉[①]，多死。曹人尸诸城上，晋侯患之。听舆人[②]之谋，曰："称舍于墓[③]。"师迁焉[④]。曹人凶惧[⑤]，为其所得者，棺而出之。因其凶也而攻之。三月丙午，入曹，数之，以其不用僖负羁，而乘轩者三百人也[6]，且曰“献状”[7]。令无入僖负羁之宫，而免其族，报施也。魏犨、颠颉怒，曰：“劳之不图，报于何有？[8]”爇僖负羁氏[9]。魏犨伤于胸。公欲杀之，而爱其材。使问，且视之。病[10]，将杀之。魏犨束胸见使者，曰：“以君之灵，不有宁也。[11]”距跃三百，曲踊三百[12]。乃舍之。杀颠颉以徇于师[13]，立舟之侨[14]以为戎右。

---

①门：攻其城门。　②舆人：众人。　③称：扬。舍墓：发冢。扬言将发冢。　④迁师至曹人墓所。　⑤凶：惧。　⑥轩：大夫车。言其无德居位者多。　⑦先责其用人之过，然后诛观状之罪，以示非恶报。　⑧二子从亡甚劳，未得厚赏，故言劳者不谋报，乃报此小惠，有何意义，恨公之辞。　⑨爇（ruò）：烧。　⑩病：犹言伤重。　⑪言不以病故自安。　⑫距跃：跳越。百：读如陌，犹励。曲踊：屈膝向上跳。言超物越过三次，勉励而为之。　⑬徇：示众。⑭舟之侨：本虢臣，时仕晋。

宋人使门尹般[1]如晋师告急。公曰：“宋人告急，舍之则绝，告楚不许。我欲战矣，齐、秦未可，若之何？[2]”先轸曰：“使宋舍我而赂齐、秦，藉之告楚[3]。我执曹君，而分曹、卫之田以赐宋人。楚爱曹、卫，必不许也。喜赂、怒顽[4]，能无战乎？”公说，执曹伯，分曹、卫之田以畀宋人。

---

①门尹般：门尹之官名般者。　②言舍宋不问，则宋与

晋绝，请楚退师，楚不许，我欲战矣，而齐秦又未肯战。③借齐、秦之力使告楚请退师。 ④言齐、秦喜宋之赂，怒楚不许之顽。

楚子入居于申①，使申叔去谷，使子玉去宋②，曰："无从晋师！晋侯在外，十九年矣，而果得晋国。险阻艰难，备尝之矣；民之情伪，尽知之矣。天假之年，而除其害③，天之所置，其可废乎？《军志》曰：'允当则归。④'又曰：'知难而退。'又曰：'有德不可敌。'此三志者，晋之谓矣。"子玉使伯棼⑤请战，曰："非敢必有功也，愿以间执谗慝之口。⑥"王怒，少与之师，唯西广、东宫与若敖之六卒实从之⑦。

---

①楚子：成王。申：在方城内。参看《齐桓霸业》。②鲁僖公以楚师伐齐，取谷，楚申叔戍之。宋以善于晋侯，叛楚即晋，楚令尹子玉、司马子西率师伐宋。 ③除惠怀之害。④《军志》：兵书。允当则归：言军事信得其当，则舍之而归，适可而止之意。 ⑤伯棼：子越椒。 ⑥此指芳贾三百乘不入之言。 ⑦楚兵分左右两广，又有右子宫甲。西广：即右广。广读"旷"。东宫：即太子宫甲。若敖：子玉之祖。六卒：一卒三十乘，六卒一百八十乘。

子玉使宛春①告于晋师曰："请复卫侯而封曹，臣亦释宋之围。"子犯曰："子玉无礼哉！君取一，臣取二②，不可失矣③。"先轸曰："子与之④！定人之谓礼，楚一言而定三国，我一言而亡之。我则无礼，何以战乎？不许楚言，是弃宋也；救而弃之，谓诸侯何？楚有三施，我有三怨，怨仇已多，将何以战？不如私许复曹、卫以携之[5]，执宛春以怒楚，既战而后图之[6]。”公说，乃拘宛春于卫，且私许复曹、卫。曹、卫告绝于楚。

子玉怒，从晋师。晋师退。军吏[7]曰：“以君辟臣，辱也。且楚师老矣，何故退？”子犯曰：“师直为壮，曲为老。岂在久乎？微楚之惠不及此，退三舍辟之，所以报也。背惠食言，以亢[8]其仇，我曲楚直，其众素饱，不可谓老。我退而楚还，我将何求？若其不还，君退、臣犯，曲在彼矣。”退三舍。楚众欲止，子玉不可。

夏四月戊辰，晋侯、宋公、齐国归父、崔夭、秦小子慭次于城濮[9]。

---

①宛春：楚大夫。 ②君取一：谓楚子欲释宋围以惠晋；臣取二：谓子玉欲复曹、卫以为己功。 ③不可失：言其可伐。 ④与：许。 ⑤私许二国使告绝于楚而后复之。携：离。 ⑥待胜负决而后定计。 ⑦军吏：军中小吏。 ⑧亢：当。 ⑨宋公：成公王臣。国归父：齐卿。崔夭：齐大夫。小子慭（yìn）：秦穆公子。城濮：卫地，今河南范县南。

楚师背酅[1]而舍，晋侯患之，听舆人之诵，曰：“原田每每，舍其旧而新是谋[2]。”公疑焉[3]。子犯曰：“战也！战而捷，必得诸侯。若其不捷，表里山河[4]，必无害也。”公曰：

“若楚惠何？”栾贞子曰：“汉阳诸姬，楚实尽之[⑤]，思小惠而忘大耻，不如战也。”晋侯梦与楚子搏，楚子伏己而盬其脑[⑥]，是以惧。子犯曰：“吉。我得天，楚伏其罪[⑦]，吾且柔之矣[⑧]。”

---

①酅（xī）：齐地，在今山东东阿南。　②高平之地曰“原”。每每：草盛貌。言有此山河，可改旧模而立新功。③疑众谓已背旧从新。　④晋国外河而内山。　⑤水北为阳，言汉水北诸姬姓国，楚尽灭之。　⑥盬（gǔ）：咀嚼。⑦晋侯向上，故曰得天；楚子向下，故曰伏罪。　⑧我以脑承之，是有以柔其刚，故云柔之。

子玉使斗勃[①]请战，曰：“请与君之士戏，君冯轼而观之[②]，得臣与寓目焉。”晋侯使栾枝对曰：“寡君闻命矣。楚君之惠，未之敢忘，是以在此[③]。为大夫退，其敢当君乎？既不获命矣，敢烦大夫，谓二三子[④]：‘戒尔车乘，敬尔君事，诘朝[⑤]将见。’”

---

①斗勃：即子上，楚大夫。　②冯：凭。轼：车前横木。③言因受楚君之惠，故退师三舍至此以报。　④二三子：指子玉、子西等。　⑤诘朝：明旦，清晨。

晋车七百乘，韅、靷、鞅、靽[①]。晋侯登有莘[②]之虚以观师，曰：“少长有礼，其可用也。”遂伐其木，以益其兵。

己巳，晋师陈于莘北[3]，胥臣以下军之佐当陈、蔡。子玉以若敖之六卒将中军，曰："今日必无晋矣。"子西[4]将左，子上将右。胥臣蒙马以虎皮，先犯陈、蔡。陈、蔡奔，楚右师溃[5]。狐毛设二旆而退之[6]。栾枝使舆曳柴而伪遁，楚师驰之。原轸、郤溱以中军公族横击之。狐毛、狐偃以上军夹攻子西，楚左师溃。楚师败绩。子玉收其卒而止，故不败[7]。

---

①马服之甲，在背者曰"韅（xiǎn）"；在胸者曰"靷（yǐn）"；在腹者曰"鞅"；在后者曰"靽（bàn）"。言马甲齐备，见晋师军容之盛。　②有莘：古国名，今山东曹县有莘城。
③莘北：即城濮（今河南范县）。　④子西：斗宜申。
⑤陈蔡之兵属右师。　⑥二旆：前军之两队。伪为退却。
⑦三军中惟中军得完。

晋师三日馆、谷[1]，及癸酉而还。甲午，至于衡雍[2]，作王宫于践土[3]。

乡役之三月[4]，郑伯如楚致其师[5]。为楚师既败而惧，使子人九[6]行成于晋。晋栾枝入盟郑伯。五月丙午，晋侯及郑伯盟于衡雍。

丁未，献楚俘于王，驷介[7]百乘，徒兵千。郑伯傅王，用平礼也[8]。己酉，王享醴[9]，命晋侯宥[10]。王命尹氏及王子虎、内史叔兴父策命晋侯为侯伯[11]，赐之大辂之服[12]、戎辂之服[13]，彤弓一、彤矢百[14]，玈弓矢千[15]，秬鬯一卣[16]，虎贲三百人[17]。曰："王谓叔父，敬服王命，以绥四国，纠逖王慝[18]。”晋侯三辞，从命，曰：“重耳敢再拜稽首，奉扬天子之丕显休、命[19]。”受策以出。出入三觐[20]。

癸亥，王子虎盟诸侯于王庭，要言[21]曰：“皆奖[22]王室，无相害也！有渝[23]此盟，明神殛之，俾队其师[24]，无克祚国[25]，及而玄孙，无有老幼。”君子谓是盟也信，谓晋于是役也，能以德攻。

---

①馆：馆舍。谷：楚之军粮。言晋师得楚军粮，设馆而食之三日。 ②衡雍：即垣雍，郑地，今河南原阳。 ③践土：郑地，今河南郑州市西北。 ④乡：属。三月：城濮一役之前三月。 ⑤致其师：以师加入楚军作战。 ⑥子人：姓，九：名。 ⑦驷介：被甲之马。 ⑧用平王享晋文侯之礼享文公。 ⑨王赏文公，为设醴酒。 ⑩命助晋侯束帛，以将厚意。 ⑪尹氏、王子虎皆王卿士。侯伯：诸侯之长。 ⑫大辂：金车，祭祀所乘。 ⑬戎辂：戎车，兵事所乘，其服韦弁。 ⑭彤：赤色。 ⑮兹（lú）：黑色。 ⑯秬鬯（jù chàng）：黑黍所酿香酒。卣（yǒu）：古代盛酒之器。 ⑰虎贲：天子之卫士。 ⑱逖：逮。其有恶于王者，纠而远之。 ⑲丕：大。休：赐予。 ⑳出入：犹言去来。三觐：始来而见，一觐享醴受策，二觐去而辞，三觐言自来至去，三次见王。 ㉑要言：要约之言。 ㉒奖：成。 ㉓渝：变易。 ㉔俾：使。队：同“坠”；师：众。言陨坠其众，即失其民之意。 ㉕克：能。祚：福。言不能享有国福。

秦穆霸西戎[1]

鲁僖公三十年——文公三年

九月[2]甲午，晋侯、秦伯[3]围郑，以其无礼于晋[4]，且贰于楚也。晋军函陵[5]，秦军氾南[6]。

佚之狐言于郑伯[7]曰："国危矣！若使烛之武[8]见秦君，师必退。"公从之。辞[9]曰："臣之壮也，犹不如人；今老矣，无能为也已。"公曰："吾不能早用子，今急而求子，是寡人之过也。然郑亡，子亦有不利焉。"许之。夜，缒而出[10]，见秦伯曰："秦、晋围郑，郑既知亡矣。若亡郑而有益于君，敢以烦执事。越国以鄙远，君知其难也[11]，焉用亡郑以陪[12]邻？邻之厚，君之薄也。若舍郑以为东道主[13]，行李之往来[14]，共其乏困[15]，君亦无所害。且君尝为晋君赐矣，许君焦、瑕，朝济而夕设版焉[16]，君之所知也。夫晋，何厌之有？既东封郑，又欲肆其西封[17]，不阙[18]秦，将焉取之？阙秦以利晋，唯君图之。"秦伯说，与郑人盟。使杞子、逢孙、扬孙戍之[19]，乃还。

子犯请击之，公曰："不可。微夫人之力不及此[20]。因人之力而敝之，不仁；失其所与，不知；以乱易整，不武。吾其还也。"亦去之。

①西戎：秦西诸戎国。　②鲁僖公三十年九月。　③晋侯：文公。秦伯：穆公。　④晋文公出亡时过郑，郑文公不礼焉。事见《晋文建霸》。　⑤函陵：郑地，今河南新郑北。　⑥氾（fán）南：郑地，今河南中牟南。　⑦佚之狐：郑大夫。郑伯：即文公。　⑧烛之武：郑隐士。　⑨烛之武辞。　⑩缒（zhuì）而出：自悬而出城。　⑪郑在东，秦在西，晋居其间，秦欲得郑以为鄙邑而中越晋国，君应知其事之难。　⑫陪：益。　⑬东道主：东方道上之主人。　⑭行李：谓使人。　⑮共：同“供”。　⑯晋君：指晋惠公。焦、瑕：晋河外五城之二邑名。设版：筑墙以守二邑。惠公重赂秦，求秦纳晋为君，曾以焦、瑕二邑许秦，及惠公济河入晋得立，即背秦，守地不与。　⑰封以为疆界。肆：申。　⑱阙：削小之意。　⑲三子皆秦大夫。　⑳言得秦君之助始得入国。

冬[①]，晋文公卒。庚辰，将殡于曲沃，出绛[②]，柩有声如牛。卜偃使大夫拜，曰：“君命大事[③]，将有西师过轶我，击之，必大捷焉。”

杞子自郑使告于秦曰：“郑人使我掌其北门之管，若潜师以来，国可得也。”穆公访诸蹇叔[④]，蹇叔曰：“劳师以袭远，非所闻也。师劳力竭，远主[⑤]备之，无乃不可乎？师之所为，郑必知之。勤而无所，必有悖心[⑥]。且行千里，其谁不知？”公辞焉[⑦]。召孟明、西乞、白乙[⑧]，使出师于东门之外。蹇叔哭之，曰："孟子，吾见师之出而不见其入也！"公使谓之曰："尔何知？中寿，尔墓之木拱矣[9]！"蹇叔之子与师，哭而送之，曰："晋人御师必于殽[10]。殽有二陵焉[11]：大阜曰陵。其南陵，夏后皋之墓也[12]；其北陵，文王之所辟风雨也[13]。必死是间，余收尔骨焉。"秦师遂东。

---

①僖公三十二年冬。　②绛：晋所都，故城在今山西翼城东南。　③言柩有声，乃文公命晋将有军戎之大事。④蹇（jiǎn）叔：秦大夫。　⑤远主：指郑国。　⑥勤劳而无所得，必有悖乱之心，害及至善。　⑦辞不受其言。⑧孟明：姓百里，名视。西乞：名术；白乙：名丙。皆秦大夫。⑨中寿：或言八十，当在八十以下，六十以上。两手相合曰"拱"。句谓汝年已中寿，如早死，则墓上之木已成拱矣，言其老悖不可用。　⑩殽（yáo）：山名，今河南洛宁，自东殽至西殽，相去三十里，地极险峻。　⑪大阜曰"陵"。⑫夏后皋：夏桀之祖。　⑬两山相嵚（qīn），可避风雨，其险可知。

三十三年春，秦师过周北门，左右免胄而下[1]，超乘者[2]三百乘。王孙满[3]尚幼，观之，言于王[4]曰："秦师轻而无礼[5]，必败。轻则寡谋，无礼则脱[6]。入险而脱，又不能谋，能无败乎？"

及滑[7]，郑商人弦高将市于周，遇之。以乘韦先，牛十二犒师[8]，曰："寡君闻吾子将步师[9]出于敝邑，敢犒从者。

不腆[10]敝邑，为从者之淹[11]，居则具一日之积[12]，行则备一夕之卫。”且使遽[13]告于郑。

郑穆公使视客馆[14]，则束载、厉兵、秣马矣[15]。使皇武子[16]辞焉，曰：“吾子淹久于敝邑，唯是脯资、饩牵竭矣[17]，为吾子之将行也，郑之有原圃[18]，犹秦之有具囿也[19]，吾子取其麋鹿[20]，以间敝邑，若何？”杞子奔齐，逢孙、扬孙奔宋。

孟明曰：“郑有备矣，不可冀也。攻之不克，围之不继，吾其还也。”灭滑而还。

---

①胄：战士之冠，免之以示敬。　②超乘：跃而上车，示其有勇。　③王孙满：周之王孙，名满者。　④时周为襄王。　⑤过天子门，礼应卷甲束兵，今但免胄，且超乘示勇，故曰无礼。　⑥脱：简易，今说疏脱。　⑦滑：郑地，今河南睢县西北。　⑧乘：四。韦：熟皮。古者献遗于人，先轻后重，韦轻牛重，故以韦先牛。弦高本以韦及牛至周为市，路遇秦师，遂移以作犒，阳示郑已知之而有备然。　⑨步师：犹今言行军。　⑩腆：厚。　⑪此从者，指杞子三人。淹：久留。　⑫积：刍米菜薪。　⑬遽：傅车。傅车，驿马。⑭郑穆公：名兰，文公子。客馆：杞子等所舍之馆。　⑮束矢，载弓，磨兵刃，喂马，严兵以待秦师之至。　⑯皇武子：郑臣。　⑰脯：干肉。资：食品。牲生曰饩；牛羊可牵行之牲畜曰牵。　⑱原圃：郑畜禽兽之地。　⑲具囿：秦畜禽兽之地。　⑳令其自取。

晋原轸曰："秦违蹇叔，而以贪勤民，天奉①我也。奉不可失，敌不可纵。纵敌，患生；违天，不祥。必伐秦师！"栾枝曰："未报秦施，而伐其师，其为死君乎②？"先轸曰："秦不哀吾丧，而伐吾同姓，秦则无礼，何施之为③？吾闻之，一日纵敌，数世之患也。谋及子孙，可谓死君乎④！"遂发命，遽兴姜戎⑤。子墨衰绖⑥，梁弘御戎，莱驹为右⑦。

夏四月辛巳，败秦师于殽，获百里孟明视、西乞术、白乙丙以归。遂墨以葬文公，晋于是始墨⑧。

---

①奉：助。　②言以君死而忘秦施。　③言秦以无礼加己，施不足顾。　④言不能谓为君死而背之。　⑤姜戎：姜姓之戎，居晋南。　⑥子：襄公，父文公未葬，故称。衰绖：皆丧服，原白色，以从戎，故墨之。墨：黑。　⑦梁弘、莱驹：皆晋臣。　⑧后遂常以黑衰绖为俗，记礼所由变。

文嬴请三帅①，曰："彼实构②吾二君，寡君若得而食之，不厌，君何辱讨焉？使归就戮于秦，以逞寡君之志，若何？"公许之③。先轸朝，问秦囚④。公曰："夫人请之，吾舍之矣。"先轸怒，曰："武夫力而拘诸原，妇人暂而免诸国⑤，堕军实⑥而长寇仇，亡无日矣！"不顾而唾。公使阳处父追之⑦，及诸河，则在舟中矣。释左骖⑧，以公命赠孟明⑨。孟明稽首曰："君之惠，不以累臣衅鼓⑩，使归就戮于秦，寡君之以为戮，死且不朽。若从君惠而免之⑪，三年将拜君赐⑫。"

秦伯素服郊次[13]，乡师而哭，曰："孤违蹇叔，以辱二三子，孤之罪也。"不替[14]孟明，曰："孤之过也。大夫何罪？且吾不以一眚[15]掩大德。"

---

①文嬴：晋文公始适秦时，秦穆公所妻，为襄公嫡母。三帅：即孟明等三人。　②构：构衅。　③襄公许释三帅令归秦。　④问被获之三帅。　⑤暂：片时，言武人竭力拘获之于外，妇人以片刻之闲赦免之于内。　⑥堕：毁坏。军实：秦囚。　⑦阳处父：晋大夫。襄公亦悔释秦帅，故使阳处父追之。　⑧左骖：古代一车四马驾之，在两旁者曰骖，在左旁为左骖。　⑨欲因其还拜谢而执之，孟明知其意，不还谢也。　⑩累臣：囚系之臣，孟明自称。杀人以血涂鼓为衅鼓。　⑪言若赖晋君之惠，秦君不加戮。　⑫言过三年将拜答晋君之赐，意欲伐晋为报。　⑬素服：凶服。郊次：犹官次。　⑭替：废置。　⑮眚（shěng）：过。

殽之役，晋人既归秦帅，秦大夫及左右皆言于秦伯曰："是败也，孟明之罪也，必杀之。"秦伯曰："是孤之罪也。周芮良夫之诗[1]曰：'大风有隧，贪人败类[2]。听言则对，诵言如醉[3]。匪用其良，覆俾我悖。'[4]是贪故也，孤之谓矣。孤实贪以祸夫子，夫子何罪？"复使为政。

---

①芮伯，字良夫，作《桑柔》以刺厉王。见《诗经·大雅》。　②隧：迅疾。言大风之毁物，所在成径，贪人所至，

亦使善类败坏。 ③昏庸之君，得道听途说之言，则心喜而对答之，闻典诵之言，则如醉焉。 ④覆：反。俾：使。不用良言，反使我有悖乱之事。

二年[①]春，秦孟明视帅师伐晋，以报殽之役。二月，晋侯御之。先且居[②]将中军，赵衰佐之。王官无地[③]御戎，狐鞫居[④]为右。甲子，及秦师战于彭衙[⑤]，秦师败绩。晋人谓秦"拜赐之师"。

战于殽也，晋梁弘御戎，莱驹为右。战之明日，晋襄公缚秦囚，使莱驹以戈斩之。囚呼，莱驹失戈，狼瞫[⑥]取戈以斩囚，禽之以从公乘。遂以为右。箕之役[⑦]，先轸黜之，而立续简伯。狼瞫怒。其友曰："盍死之？"瞫曰："吾未获死所。"其友曰："吾与女为难[⑧]。"瞫曰："《周志》[⑨]有之：'勇则害上，不登于明堂[⑩]。'死而不义，非勇也。共用之谓勇[⑪]。吾以勇求右，无勇而黜，亦其所也[⑫]。谓上不我知，黜而宜，乃知我矣[⑬]。子姑待之。"及彭衙，既陈，以其属驰秦师，死焉。晋师从之，大败秦师。

君子谓："狼瞫于是乎君子。《诗》[⑭]曰：'君子如怒，乱庶遄沮。[⑮]'又曰：'王赫斯怒，爰整其旅[⑯]。'怒不作乱，而以从师，可谓君子矣。"

---

①鲁文公二年。 ②先且居：一称霍伯，先轸之子。先轸于殽役之年，身陷狄师，以自讨无礼于君——即因襄公释秦三帅，在朝发怒事——之罪，故进用其子。 ③王官：地名，

其人或以采邑为氏。　④狐鞫居：即续简伯。　⑤彭衙：陕西白水有彭衙故城，今为彭衙堡。　⑥狼瞫：晋人。　⑦即先轸身陷狄师之役，狄人败焉。　⑧助之作难，意欲共杀先轸。　⑨《周志》：《周书》。　⑩明堂：祖庙，所以策功序德，故不义之士不得升焉。　⑪以义供国用者，方得为勇。　⑫死而不义为无勇，无勇宜见退。　⑬本谓上不知我勇而怨，今以不义之无勇见黜，是上之黜我为知我矣。　⑭《诗经·小雅·巧言》之言。　⑮遄（chuán）：疾。沮：止。言君子如怒，祸乱庶其疾止。　⑯《诗经·大雅·皇矣》之词，言文王赫然而怒，则整师旅以征无道。

秦伯犹用孟明。孟明增修国政，重施于民。赵成子[1]言于诸大夫曰："秦师又至，将必辟之[2]。惧而增德，不可当也。《诗》曰：'毋念尔祖，聿修厥德[3]。'孟明念之矣，念德不怠，其可敌乎？"

①赵成子：赵衰。　②辟：同"避"。　③《诗经·大雅·文王》之词。言念尔祖考，则宜述修其德以显之。

秦伯伐晋[1]，济河焚舟[2]，取王官及郊[3]，晋人不出。遂自茅津[4]济，封殽尸而还[5]。遂霸西戎，用孟明也。

君子是以知秦穆公之为君也，举人之周也[6]，与人之壹也[7]；孟明之臣也，其不解也[8]，能惧思也；子桑之忠也，其知人也，能举善也[9]。《诗》曰："于以采蘩？于沼、于沚。

于以用之？公侯之事。”⑩秦穆有焉。“夙夜匪解，以事一人”⑪，孟明有焉。“诒阙孙谋，以燕翼子”⑫，子桑有焉。

---

①鲁文公三年事。　②焚舟：示士卒以必死，败则不能复渡而归。　③王官、郊：今山西临晋东南。　④茅津：今山西平陆之茅津渡。　⑤埋藏肴役阵亡将士之骨而封其墓。　⑥周：备，不偏以一恶弃其善。　⑦壹：专一，言用人专一。　⑧解：同“懈”。　⑨子桑：公孙枝，举孟明者。　⑩《诗经·召南·采蘋》之词。　⑪《诗经·大雅·烝民》之词，所以美仲山甫自早至夜，不懈以事天子。⑫《诗经·大雅·文王有声》之词，美武王能遗子孙以善谋而安成之。

楚庄争霸

鲁宣公三年——十二年

楚子伐陆浑之戎①，遂至于洛②，观兵于周疆。定王使王孙满劳楚子③。楚子问鼎之大小、轻重焉④。对曰："在德不在鼎。昔夏之方有德也，远方图物⑤，贡金九牧⑥，铸鼎象物⑦，百物而为之备，使民知神、奸⑧。故民入川泽、山林，不逢不若⑨。螭魅罔两⑩，莫能逢之。用能协于上下⑪，以承天休⑫。桀有昏德，鼎迁于商，载祀六百⑬。商纣暴虐，鼎迁于周。德之休明，虽小，重也。其奸回昏乱，虽大，轻也⑭。天祚明德，有所厎止⑮。成王定鼎于郏鄏⑯，卜世三十，卜年七百⑰，天所命也。周德虽衰，天命未改⑱，鼎之轻重，未可问也。"

---

①楚子：即庄王，名旅，五霸之一。陆浑：春秋地名，今河南。其戎本为允姓戎之别部，在秦晋西北，二国诱而徙之伊川，后因号为陆浑戎。　②洛：洛水，出陕西经河南入河。此鲁宣公三年事。　③定王：名瑜。劳：慰问。　④鼎为三代传国重器，楚子问之，有代周之心。　⑤图画山川奇异

之物而献之。 ⑥使九州之牧贡金。 ⑦象所图之物着之于鼎。 ⑧备图鬼神百物之形，使民见鼎而知其为神或奸物。 ⑨若：顺，言不逢鬼怪不顺之事。 ⑩螭：山神，兽形。魅：怪物。罔两：水神，一说山川之精物。 ⑪协：和协。 ⑫休：美，以承天之休命。 ⑬载、祀：皆年。唐虞曰载，夏曰岁，商曰祀，周曰年。 ⑭回：邪。言有德则鼎虽小而重不可迁，奸邪昏乱则鼎虽大亦轻而可移。 ⑮祚：福。厎（dǐ）止：定、至之意。谓上天赐福于明德之人，必有所固定，非随时可变者。 ⑯郏鄏（rǔ）：今河南洛阳西。定：置。 ⑰成王卜周祚之长短，谓当传世三十君，享国七百年。 ⑱言周室今尚未及所卜之数，德虽衰，未至于亡。

十二年春，楚子围郑①。旬有七日。郑人卜行成，不吉；卜临于大宫②，且巷出车③，吉。国人大临，守陴者皆哭④。楚子退师。郑人修城。进复围之⑤，三月，克之。入自皇门⑥，至于逵路⑦。郑伯肉袒牵羊以逆⑧，曰：“孤不天⑨，不能事君，使君怀怒以及敝邑，孤之罪也，敢不唯命是听？其俘诸江南，以实海滨，亦唯命；其翦以赐诸侯，使臣妾之⑩，亦唯命。若惠顾前好，徼福于厉、宣、桓、武⑪，不泯⑫其社稷，使改事君，夷于九县⑬，君之惠也，孤之愿之，非所敢望也。敢布腹心，君实图之。”左右曰：“不可许也，得国无赦。”王曰：“其君能下人，必能信用其民矣，庸可几乎⑭！”退三十里而许之平。潘尪入盟⑮，子良出质⑯。

①郑介晋楚之间，二国欲霸诸侯，必先服郑。时晋衰楚强，郑所服不定，楚师至，则从楚，晋师至，又从晋。晋楚以兵争郑有年矣，至是郑已与楚盟，又贰于晋，故楚师围之，然不先挫晋，使郑无所恃，则郑终不能久服，故下文邲之役实无可避免。②临：哭。大宫：郑祖庙。③出车于巷，因有外患，不得安居，示将迁徙。④陴（pī）：城上女墙。皆哭：所以告楚穷。⑤哀其穷而退师，而犹不服，故又围之。⑥皇门：郑之国门。⑦逵路：四通之大路。⑧时郑伯为襄公，名坚。肉袒：去上衣露肢体。肉袒牵羊：示服为臣仆。⑨不天：不承奉天之旨意。⑩翦：削。言翦削郑地，以赐从楚之诸侯，使郑人为其臣妾。⑪徼：要求。厉、宣：郑桓公友始封于郑，友为厉王之子，宣王之弟。桓：即桓公。武：武公，名滑突，桓公子。⑫泯：灭。⑬楚灭九国以为县，皆在楚境，言欲以郑比。夷：等。⑭几：幸得。⑮潘尫：又称师叔，楚大夫。⑯子良：郑伯弟，名去疾。

夏，六月，晋师救郑。荀林父[①]将中军，先縠[②]佐之。士会[③]将上军，郤克[④]佐之。赵朔[⑤]将下军，栾书[⑥]佐之。赵括、赵婴齐[⑦]为中军大夫。巩朔、韩穿[⑧]为上军大夫。荀首、赵同[⑨]为下军大夫。韩厥为司马[⑩]。及河，闻郑既及楚平，桓子欲还，曰："无及于郑而剿[⑪]民，焉用之？楚归而动，不后。"随武子曰："善。会闻用师，观衅而动。德、刑、政、事、典、礼不易，不可敌也，不为是征[⑫]。楚军讨郑，怒其贰而哀其卑。叛而伐之，服而舍之，德、刑成矣。伐叛，刑也；柔服，德也。二者立矣。昔岁入陈⑬，今兹入郑，民不罢⑭劳，君无怨讟⑮，政有经矣⑯。荆尸而举⑰，商、农、工、贾不败其业⑱，而卒乘辑睦⑲，事不奸矣⑳。蒍敖㉑为宰，择楚国之令典㉒，军行，右辕㉓，左追蓐㉔，前茅㉕虑无，中权，后劲㉖，百官象物而动㉗，军政不戒而备，能用典矣㉘。其君之举也㉙，内姓选于亲，外姓选于旧㉚。举不失德，赏不失劳㉛。老有加惠，旅㉜有施舍。君子小人，物有服章㉝。贵有常尊㉞，贱有等威㉟，礼不逆矣。德立、刑行，政成、事时，典从、礼顺，若之何敌之？见可而进，知难而退，军之善政也。兼弱攻昧㊱，武之善经也㊲。子姑整军而经武乎！犹有弱而昧者，何必楚？仲虺㊳有言曰：'取乱侮亡。'兼弱也。《汋》曰：'於铄王师，遵养时晦㊴。'耆昧也㊵。《武》曰：'无竞惟烈㊶。'抚弱耆昧，以务烈所，可也㊷。"彘子曰："不可。晋所以霸，师武、臣力也㊸。今失诸侯，不可谓力；有敌而不从，不可谓武。由我失霸，不如死。且成师以出，闻敌强而退，非夫也㊹。命为军帅㊺，而卒以非夫，唯群子能，我弗为也。"以中军佐济㊻。

知庄子曰："此师殆哉。《周易》有之，在《师》䷆之《临》䷒㊼，曰：'师出以律，否臧，凶㊽。'执事顺成为臧㊾，逆为否，众散为弱㊿，川壅为泽[51]。有律以如己也[52]，故曰律。否臧，且律竭也[53]。盈而以竭，夭且不整，所以凶也[54]。不行之谓《临》[55]，有帅而不从，临孰甚焉？此之谓矣。果遇[56]，必败，彘子尸之[57]。虽免而归，必有大咎。”韩献子谓桓子曰：“彘子以偏师陷，子罪大矣。子为元帅，师不用命，谁之罪也？失属[58]、亡师，为罪已重，不如进也。事之不捷，恶有所分。与其专罪，六人同之[59]，不犹愈乎？”师遂济。

---

①荀林父：中行桓子，意为晋献公时荀息子，后世为中行氏。　②先縠：一称彘子，一称原縠，先轸之后。　③士会：范武子，一称随会，又称随武子，盖先食邑于随，再食邑于范，以采邑为氏，后世为范氏。　④郤克：郤献子，一称郤伯，又称驹伯，父名郤缺。　⑤赵朔：赵庄子，赵衰之孙。　⑥栾书：栾武子，一称栾伯。　⑦赵括：屏括。赵婴齐：又称赵婴，皆赵衰子。　⑧巩朔：一称巩伯，一称士庄伯。韩穿：韩氏族人。　⑨荀首：知庄子，一称知季，林父弟。赵同：赵括、赵婴齐之兄，一称原同。　⑩韩厥：韩献子，后世为韩氏。司马：军中司法者。　⑪剿：劳。⑫言征伐之制，不为德刑政事典礼不易者行。　⑬楚于宣公十一年讨陈。　⑭罢：同“疲”。　⑮讟（dú）：诽谤。言国人无诽谤其君者。　⑯经：常。言政有常度而后致此。⑰荆尸：楚阵法名，楚武王始创之。言为荆尸阵以举兵。⑱楚有兵事，惟以士从，商、农、工、贾皆不与，故不败其业。⑲步曰“卒”；车曰“乘”。辑：安。睦：和。　⑳奸：犯。言不相奸犯。　㉑𫇭敖：𫇭贾子，孙叔敖，时为令尹。㉒择楚国军法之善者而用之。　㉓辕：驾车之木，施舆底轴上，左右各一，外出向前。言行军时在车右者，挟辕为战备。

㉔蓐：在左者追求草蓐为宿备。 ㉕前茅：楚旗制，在前持之，以虑有无之事。 ㉖中军制权谋后军以精兵为殿。 ㉗物：旌旗，百官各象其所建之旗而动。 ㉘能应用良善之法典。 ㉙举：举用贤才。 ㉚同姓则选亲族之贤者，异姓则选故旧之贤者。 ㉛举不失有德者，赏不失有功者。 ㉜旅：羁旅之臣。 ㉝君子：有位者；小人：庶民。尊卑各有别。 ㉞贵者有常尊之势分。 ㉟贱者比贵者，其威仪有等差。 ㊱衰弱者兼并之，昏昧者攻讨之。 ㊲经：法。 ㊳仲虺：汤贤相。 ㊴语见《诗经·周颂·酌》。於：赞叹辞。铄：美。美武王能遵天道，以自养，与时偕晦，待暗昧者恶积而后取之。 ㊵耆（qí）：致。言致讨于昧。 ㊶《诗经·周颂·武》之语。竞：疆。烈：业。言武王惟兼弱攻昧，故成无疆之业。 ㊷言晋当从武王兼弱攻昧，以务功业之所。 ㊸军师之武，群臣之力。 ㊹非丈夫也。 ㊺三军将佐，皆受君命为军之主帅。 ㊻彘子佐中军，故独帅其佐之军济若河。 ㊼师卦坎三下坤三上；之：变卦；临卦兑三下坤三上。 ㊽语出《师卦》。律：法；否：不；臧：善。言出宜以法律，不善必凶。 ㊾执事者顺命以成其功则臧。 ㊿坎为众，今变为兑，兑为柔弱，故曰众散为弱。 (51)坎为川，今变为兑，兑为泽。泽：水所汇，有停止之义，是川见壅之兆。 (52)如：从。将帅之有法律，欲使其下从己。 (53)竭：败。律败，故不善。 (54)水本盈而今竭，川既夭屈壅塞而水不得整流，故凶。 (55)水变为泽，乃成临卦，有不行之象。 (56)遇：遇敌。 (57)尸：当此祸。 (58)失属：谓郑属于晋，

今乃服楚。　　⑲六人：中军将及佐，上军将及佐，下军将及佐。三军皆败，则六人同罪，不得专责元帅。

楚子北师次于郔[1]。沈尹[2]将中军，子重[3]将左，子反[4]将右，将饮马于河而归[5]。闻晋师既济，王欲还，嬖人伍参[6]欲战。令尹孙叔敖弗欲，曰："昔岁入陈，今兹入郑，不无事矣。战而不捷，参之肉其足食乎？"参曰："若事之捷，孙叔为无谋矣。不捷，参之肉将在晋军，可得食乎？"令尹南辕、反旆[7]，伍参言于王曰："晋之从政者新，未能行令。其佐先縠刚愎不仁，未肯用命。其三帅者，专行不获[8]，听而无上，众谁适从[9]？此行也，晋师必败。且君而逃臣，若社稷何？"王病之，告令尹改乘辕而北之，次于管[10]以待之。

---

①郔（yán）：郑地，今河南郑州，楚子克郑，师复北行次此。　　②沈尹：楚沈邑之尹。　　③子重：公子婴齐，庄王弟。　　④子反：公子侧。　　⑤将在黄河边饮马示威而归。⑥伍参：伍员曾祖。　　⑦回车南向。旆：军前大旗。令尹不听伍参，仍示归军。　　⑧其上中下三军之帅，欲专其所行而不得。　　⑨听命于下，而军无其上，众不知所从。　　⑩管：今河南郑州。

晋师在敖、鄗之间[1]。郑皇戌[2]使如晋师，曰："郑之从楚，社稷之故也，未有贰心。楚师骤胜而骄，其师老矣，而不设备。子击之，郑师为承[3]，楚师必败。"彘子曰："败楚、服郑，于此在矣，必许之。”栾武子曰：“楚自克庸以来④，其君无日不讨⑤国人而训之于⑥民生之不易、祸至之无日、戒惧之不可以怠；在军，无日不讨军实而申儆之于胜之不可保、纣之百克而卒无后⑦，训之以若敖、蚡冒筚路蓝缕以启山林⑧。箴之曰⑨：‘民生在勤，勤则不匮。’不可谓骄。先大夫子犯有言曰：‘师直为壮，曲为老⑩。’我则不德，而徼怨于楚，我曲楚直，不可谓老。其君之戎分为二广⑪，广有一卒，卒偏之两⑫。右广初驾⑬，数及日中，左则受之⑭，以至于昏。内官序当其夜⑮，以待不虞⑯。不可谓无备。子良，郑之良也；师叔，楚之崇也⑰。师叔入盟，子良在楚，楚、郑亲矣。来劝我战，我克则来，不克遂往，以我卜也⑱！郑不可从。”赵括、赵同曰：“率师以来，唯敌是求，克敌、得属，又何俟？必从彘子。”知季曰：“原、屏，咎之徒也⑲。”赵庄子曰：“栾伯善哉，实其言，必长晋国。⑳”

---

①敖、鄗（hào）：二山名，在今河南荥阳境内。　②皇戌：郑卿。　③承：继。　④庸：商时侯国，鲁文公十六年，为楚所灭。　⑤讨：治。　⑥于：同“吁”，叹词。⑦军实：见《秦穆霸西戎》。申儆：重申儆戒之命。纣恃其百战百胜之威，而不务德，卒灭于武王而无后。　⑧若敖、蚡（fén）冒：楚先君。筚路：以柴为车；蓝缕：衣破不整貌。⑨楚君又作箴以训民。　⑩见《晋文建霸》。　⑪戎：亲兵。广：楚乘车名，参阅《晋文建霸》。　⑫百人为卒，二十五人为两，楚易古偏法以为广。广百人，故曰一卒。一卒之外，

又有余卒二十五人为承副，其数如偏法之有两。⑬右广鸡鸣而初驾马。⑭数时刻至日中则交代于左广。⑮其内官近君者为次序以值夜。⑯不虞：不测之变。⑰潘尫见尊于楚。⑱以我之胜负，卜彼之去就。⑲徒：党。⑳此盖谓若行栾书之言，必使晋国长久。

楚少宰[1]如晋师，曰："寡君少遭闵凶，不能文。闻二先君之出入此行也[2]，将郑是训定，岂敢求罪于晋？二三子无淹久[3]！"随季对曰："昔平王命我先君文侯曰：'与郑夹辅周室，毋废王命！'今郑不率[4]，寡君使群臣问诸郑，岂敢辱候人[5]？敢拜君命之辱。"彘子以为谄，使赵括从而更之，曰："行人失辞。寡君使群臣迁大国之迹于郑[6]，曰：'无辟敌。'群臣无所逃命。"

①少宰：楚官名。②二先君：成王、穆王。出入：谓往来于郑。③淹：留。④不率：不率平王之命，背晋从楚。⑤候人：伺候望敌者，暗指楚君臣。⑥大国：指楚。言楚人托足于郑，寡君使群臣迁去其足迹。

楚子又使求成于晋，晋人许之，盟有日矣。楚许伯御乐伯，摄叔为右，以致晋师[1]，许伯曰："吾闻致师者，御靡旌、摩垒而还[2]。"乐伯曰："吾闻致师者，左射以菆[3]，代御执辔，御下，两马、掉鞅而还[4]。"摄叔曰："吾闻致师者，右入垒，折馘、执俘而还[5]。"皆行其所闻而复[6]。晋人逐之，左右角之⑦。乐伯左射马，而右射人，角不能进。矢一而已。麋兴于前⑧，射麋，丽龟⑨。晋鲍癸当其后，使摄叔奉麋献焉，曰："以岁之非时，献禽之未至，敢膳诸从者⑩。"鲍癸止之⑪，曰："其左善射，其右有辞，君子也。"既免⑫。

---

①三人皆楚人。致师：挑战。既已求成，又复挑战，以示已不欲和之意，以疑误晋师之心。　②靡：偃。靡旌：疾驰而致旌靡。摩：近。言闻御者宜疾驰近敌垒而还。　③菆（zōu）：矢之善者。　④两：饰。掉：正。鞅：马颈革。言使御者下车饰马正鞅以示闲暇。　⑤右：车右。馘（guó）：割下左耳以计数。执俘：生俘敌人。言居车右者，入敌垒，割一左耳执一俘囚而还。　⑥复：返。　⑦角：左右夹攻。⑧麋：鹿之大者。　⑨丽：着。龟：谓麋背隆起处。⑩敢以供从者之膳食。　⑪止：不复逐。　⑫既：尽。楚致师之三人尽免而归。

晋魏锜求公族未得①，而怒，欲败晋师。请致师，弗许。请使，许之。遂往，请战而还。楚潘党②逐之，及荥泽③，见六麋，射一麋以顾献，曰："子有军事，兽人无乃不给于鲜④？敢献于从者。"叔党命去之。赵旃求卿未得⑤，且怒于失楚之致师者，请挑战，弗许。请召盟，许之，与魏锜皆命而往⑥。郤献子曰："二憾⑦往矣，弗备，必败。"彘子曰："郑人劝战，弗敢从也；楚人求成，弗能好也。师无成命⑧，多备何为？"士季曰："备之善。若二子怒楚，楚人乘我，丧师无日矣，不如备之。楚之无恶，除备而盟[9]，何损于好？若以恶来，有备，不败。且虽诸侯相见，军卫不彻，警也[10]。”彘子不可。

士季使巩朔、韩穿帅七覆于敖前[11]，故上军不败。赵婴齐使其徒先具舟于河[12]，故败而先济。

---

①魏锜：吕锜，魏犨子，求为公族大夫而未得。 ②潘党：潘尪子，又称叔党。 ③荥泽：见《齐桓建霸》。④兽人恐不能供新杀之鲜。 ⑤赵旃（zhān）：赵穿子，求为晋卿而未得。 ⑥与魏锜皆受命而往。 ⑦二子皆有恨于晋，故曰“二憾”。 ⑧出师不能决和战，无固定之命。⑨除去兵备而后寻盟。 ⑩虽诸侯以和好相见，不去兵卫，所以警戒不虞。 ⑪覆：伏兵。七覆，伏兵七处。敖前：敖山之前，时晋师在敖鄗之间。 ⑫徒：士卒。具：备。

潘党既逐魏锜，赵旃夜至于楚军[1]，席于军门之外[2]，使其徒入之。楚子为乘广三十乘，分为左右。右广鸡鸣而驾，日中而说[3]。左则受之，日入而说；许偃御右广，养由基为右；彭名御左广，屈荡为右[4]。乙卯，王乘左广以逐赵旃。赵旃弃车而走林，屈荡搏之[5]，得其甲裳[6]。晋人惧二子之怒楚师也，使軘车[7]逆之。潘党望其尘，使骋而告曰：“晋师至矣。”楚人亦惧王之入晋军也，遂出陈[8]。孙叔曰：“进之！宁我薄人，无人薄我。《诗》云：‘元戎十乘，以先启行[9]。’先人也。《军志》曰：‘先人有夺人之心[10]’。薄之也。”遂疾进师，车驰、卒奔，乘晋军。桓子不知所为，鼓于军中曰："先济者有赏！"中军、下军争舟，舟中之指可掬也⑪。

晋师右移⑫，上军未动。工尹齐将右拒卒⑬以逐下军。楚子使唐狡与蔡鸠居告唐惠侯曰⑭："不谷不德而贪，以遇大敌，不谷之罪也。然楚不克，君之羞也。敢藉君灵，以济楚师。"使潘党率游阙⑮四十乘，从唐侯以为左拒，以从上军。驹伯⑯曰："待诸乎？"随季曰："楚师方壮，若萃于我⑰，吾师必尽，不如收而去之。分谤、生民⑱，不亦可乎？"殿其卒而退⑲，不败。

---

①二人虽同受命，两不相随，魏锜先往，赵旃后至。 ②布席坐楚军门外，示无所畏。 ③说：舍，释甲。 ④四人皆楚人。 ⑤搏：击。 ⑥甲裳：下衣。 ⑦軘（tún）车：兵车名。 ⑧陈：同"阵"。 ⑨《诗经·小雅·六月》之词。元：大。戎：戎车。言王者军行，必有戎车十乘为之开道，所以先人为备。 ⑩先人则可以夺敌之战心。 ⑪二军争舟，刀斫其指，其数盈掬。掬：两手捧。 ⑫黄河在西，欲济河，故右移。 ⑬工尹齐：工尹之官名齐者。右拒：阵名。 ⑭唐狡、蔡鸠居：皆楚大夫。唐：属楚之小国。惠侯：唐君。 ⑮游阙：游车补阙者。 ⑯驹伯：即郤克，见前。方佐上军也。 ⑰萃：聚。言楚聚师于己，以致其全力。 ⑱同奔以分众人之谤，不战以全晋民之生。 ⑲以己卒为后殿而退。

王见右广，将从之乘。屈荡户之[1]，曰："君以此始，亦必以终。"自是楚之乘广先左[2]。

---

①户：止。　②以乘左得胜故。

晋人或以广队不能进[1]，楚人惎之脱扃[2]，少进，马还[3]，又惎之拔旆投衡，乃出[4]。顾曰："吾不如大国之数奔也[5]。"

---

①广：兵车。队：重。车重故不能进。　②惎（jì）：教。扃（jiōng）：车前横木，所以约车上之兵器，以防其落。楚人教之脱扃以进。　③还：同"旋"，便旋不进。　④旆：大旗。旆阻风，故马旋，楚人教令拔投衡上，车乃得出。衡：辕端横木。　⑤嘲楚人谙遁逃之法，殆习于遁者。

赵旃以其良马二济其兄与叔父，以他马反。遇敌不能去，弃车而走林。逢大夫[1]与其二子乘，谓其二子无顾[2]。顾曰："赵傁[3]在后。"怒之，使下[4]，指木曰："尸女于是！"授赵旃绥，以免。明日，以表尸之[5]，皆重获在木下[6]。

---

①逢大夫：晋大夫之姓逢者。　②盖欲伪为不知旃在后者，顾则知其在后，不得不救。　③傁：同"叟"，老称。④使二子下车，以让赵旃。　⑤表所指木取其尸。　⑥获：被杀之名。重：累叠。二子累尸死木下。

楚熊负羁囚知䓨[1]。知庄子以其族反之[2]，厨武子[3]御，下军之士多从之。每射，抽矢菆，纳诸厨子之房[4]。厨子怒曰："非子之求，而蒲[5]之爱，董泽[6]之蒲，可胜既[7]乎？"知季曰："不以人子，吾子其可得乎[8]？吾不可以苟射故也[9]。"射连尹襄老[10]，获之[11]，遂载其尸；射公子谷臣[12]，囚之[13]。以二者还。

---

①熊负羁：楚大夫。知䓨：知庄子之子，又称荀䓨。　②族：家兵。反：还战。　③厨武子：即魏锜。　④房：箭室。　⑤蒲：杨柳，箭材。　⑥董泽：晋泽名，今山西闻喜，其地产杨柳。　⑦既：尽。　⑧言不得他人子，安能得吾子。　⑨苟射：妄射，空无所得。　⑩襄老：楚大夫，时为连邑尹。　⑪杀人而取其尸曰获。　⑫公子谷臣：楚王子。　⑬生擒曰"囚"。

及昏，楚师军于邲[1]，晋之余师不能军[2]，宵济，亦终夜有声[3]。

---

①邲：郑地，今河南郑州。　②不能军：不能成营。　③言其兵多而将不能用。

丙辰，楚重至于邲[1]，遂次于衡雍[2]。潘党曰："君盍筑武军[3]而收晋尸以为京观[4]？臣闻克敌必示子孙，以无忘武功。”楚子曰：“非尔所知也。夫文，止戈为武⑤。武王克商，作《颂》曰：‘载戢干戈，载櫜弓矢。我求懿德，肆于时夏，允王保之⑥。’又作《武》，其卒章曰：‘耆定尔功⑦’。其三曰：‘铺时绎思，我徂维求定⑧。’其六曰：‘绥万邦，屡丰年⑨。’夫武，禁暴、戢兵、保大、定功、安民、和众、丰财者也，故使子孙无忘其章⑩。今我使二国暴骨，暴矣；观兵以威诸侯，兵不戢矣；暴而不戢，安能保大？犹有晋在，焉得定功？所违民欲犹多，民何安焉？无德而强争诸侯，何以和众？利人之几，而安人之乱⑪，以为己荣，何以丰财？武有七德，我无一焉，何以示子孙？其为先君宫，告成事而已⑫，武非吾功也。古者明王伐不敬，取其鲸鲵而封之⑬，以为大戮，于是乎有京观以惩淫慝。今罪无所⑭，而民皆尽忠以死君命，又可以为京观乎？”祀于河，作先君宫，告成事而还。

---

①重：辎重。粮食常在军后，故乙卯日战，兵已至郯，明日丙辰，辎重始至。　②衡雍：见《晋文建霸》。　③武军：垒培之属。　④京：大。观：示。积尸封土其上，谓之京观。　⑤文：文字。就武字象形言，合止戈二字，即为武。⑥《诗经·周颂·迈》之词。载：语助词，犹“则”。戢：藏兵；櫜（gāo）：受弓矢之器。肆：遂。时：是。夏：大。允：信。言武王既定天下，取弓矢干戈而藏之，寻求懿美之德，功业于是遂大，信能保天下。　⑦《诗经·周颂·武》之词。耆：见前。　⑧《诗经·周颂·赉（lài）》之词。铺：布。

绎：陈。思：语助。徂（cú）：往。言武王布陈政教，百姓皆归往以求安定。 ⑨《诗经·周颂·桓》之词。绥：安定。言武王能安定万国，屡致丰年。诗篇三六之数，与今不同，盖楚乐歌之次第然也。 ⑩武王将其德著之诗章，使子孙不忘。 ⑪几：危。以晋之危为己利，以晋之乱为己安。 ⑫古者出兵，必载先庙之主以行，作先君宫，祀祭告所载主于宫中，告以胜晋之事。 ⑬鲸鲵：大鱼，能吞小鱼，以喻恶人。杀而以土掩之曰封。 ⑭两国相争诸侯莫知罪之所在。

晋悼复霸

鲁成公十八年——襄公十一年

二月[①]乙酉朔，晋悼公即位于朝[②]。始命百官，施舍、已责[③]，逮[④]鳏寡，振废滞[⑤]，匡[⑥]乏困，救灾患，禁淫慝，薄赋敛，宥罪戾，节器用，时用民[⑦]，欲无犯时[⑧]。使魏相、士鲂、魏颉、赵武为卿[⑨]；荀家、荀会、栾黡、韩无忌为公族大夫[⑩]，使训卿之子弟共俭孝弟。使士渥浊为大傅[⑪]，使修范武子之法[⑫]；右行辛为司空[⑬]，使修士芀之法[⑭]。弁纠御戎[⑮]，校正属焉[⑯]，使训诸御知义。荀宾为右[⑰]，司士属焉[⑱]，使训勇力之士时使[⑲]。卿无共御，立军尉以摄之[⑳]。祁奚为中军尉[㉑]，羊舌职佐之[㉒]，魏绛为司马[㉓]，张老为候奄[㉔]。铎遏寇为上军尉[㉕]，籍偃[㉖]为之司马，使训卒、乘，亲以听命[㉗]。程郑为乘马御[㉘]，六驺属焉[㉙]，使训群驺知礼。凡六官之长，皆民誉也。举不失职，官不易方[㉚]，爵不逾德[㉛]，师不陵正，旅不逼师[㉜]，民无谤言，所以复霸也。

---

①鲁成公十八年二月。　②晋悼公：名周，襄公曾孙，本居于周，晋厉公被弑遂迎立。　③施舍：施恩于民而舍其

劳役；责：同“债”。 ④逮：及。 ⑤振起旧制之废滞者。 ⑥匡：救。 ⑦使民以时。 ⑧不以纵私欲而夺天时。 ⑨魏相：魏锵子，一称吕相。士鲂：士会之子。魏颉：魏颗子。赵武：赵朔子，赵文子。 ⑩荀家、荀会：不详所出。栾黡：栾枝曾孙。韩无忌：韩厥子。公族大夫：掌公族者。 ⑪士渥浊：士贞子。大傅：掌教之官。 ⑫范武子：士会，曾为景公大傅。 ⑬右行辛：先祖曾将右行，因以为氏，辛为其名；司空：掌水土之官。 ⑭士蒍：献公时司空。 ⑮弁纠：栾纠。御戎：御君之戎车，为御官之长。⑯校正：主马之官。 ⑰荀宾：荀氏之族。右：戎右，车右之长。 ⑱司士：车右之官。 ⑲时使：有事时之使令。⑳卿：诸军之将。前此诸军之将，均有定员为之御，今省戎御，为立军尉，有军事，使摄卿御之职。 ㉑祁奚：一称祁大夫。㉒羊舌职：羊舌为姓，职为名。 ㉓魏绛：魏犨之孙，魏庄子。司马：中军司马，掌刑法。 ㉔张老：晋大夫。候奄：中军斥候。 ㉕铎遏寇：晋大夫。 ㉖籍偃：晋大夫。㉗相亲以听上命。 ㉘程郑：荀氏别族。乘马御：《周礼》称齐仆，又称赞仆，盖当时官名。 ㉙驺：主驾车马之吏，凡六人。 ㉚所举之官各自守其方而不移。 ㉛所授之爵各称其人而不逾德。 ㉜二千五百人为师。五百人为旅。正：军将，命卿。言一师之帅，不敢陵逼各军之将，一旅之帅，亦不陵逼一师之帅。

无终子嘉父使孟乐如晋①，因魏庄子纳虎豹之皮，以请和诸戎。晋侯曰："戎狄无亲而贪，不如伐之。"魏绛曰："诸侯新服，陈新来和[2]，将观于我。我德，则睦，否，则携贰。劳师于戎，而楚伐陈，必弗能救，是弃陈也。诸华必叛。戎，禽兽也，获戎、失华，无乃不可乎！《夏训》有之曰：'有穷后羿[3]。'"公曰："后羿何如？"对曰："昔有夏之方衰也，后羿自鉏迁于穷石[4]，因夏民以代夏政[5]。恃其射也[6]，不修民事，而淫于原兽[7]，弃武罗、伯因、熊髡、尨圉[8]，而用寒浞[9]。寒浞，伯明氏之谗子弟也[10]，伯明后寒弃之[11]，夷羿[12]收之，信而使之，以为己相。浞行媚于内，而施赂于外，愚弄其民，而虞羿于田[13]，树[14]之诈慝，以取其国家，外内咸服。羿犹不悛[15]，将归自田，家众[16]杀而亨之，以食其子，其子不忍食诸[17]，死于穷门[18]。靡奔有鬲氏[19]。浞因羿室，生浇及豷[20]；恃其谗慝诈伪，而不德于民，使浇用师，灭斟灌及斟寻氏[21]。处浇于过，处豷于戈[22]。靡自有鬲氏，收二国之烬[23]，以灭浞而立少康[24]。少康灭浇于过，后杼[25]灭豷于戈，有穷由是遂亡，失人故也。昔周辛甲[26]之为大史也，命百官，官箴王阙[27]。于《虞人[28]之箴》曰：'芒芒禹迹[29]，画为九州[30]，经启九道[31]。民有寝、庙，兽有茂草；各有攸处，德用不扰[32]。在帝夷羿，冒[33]于原兽，忘其国恤[34]，而思其麀牡[35]。武[36]不可重，用不恢于夏家[37]。兽臣司原，敢告仆夫[38]。'《虞箴》如是，可不惩乎？"于是晋侯好田，故魏绛及之。

公曰："然则莫如和戎乎？"对曰："和戎有五利焉：戎狄荐居[39]，贵货易土，土可贾焉[40]，一也。边鄙不耸[41]，民狎[42]其野，穑人[43]成功，二也。戎狄事晋，四邻振动，诸侯威怀，三也。以德绥戎，师徒不勤，甲兵不顿[44]，四也。鉴于后羿，而用德度，远至、迩安，五也。君其图之！”公说，使魏绛盟诸戎。修民事，田以时。

---

①无终：山戎国名，今天津蓟县有无终故城；子：爵名。嘉父：其名。孟乐：无终之臣。事在鲁襄公四年。 ②陈本从楚，鲁襄三年始服晋。 ③《夏训》：《夏书》，为《尚书》中一部分。有穷：夏时国名，都于穷石，故以穷名国。有：语助词；后：君。羿：其君之名。 ④钽：羿本国名，今河南滑县。穷石：所在地说者不一，当在今河南。 ⑤夏禹孙太康无道，失国，夏人立其弟仲康，仲康微弱。仲康卒，子相立，羿遂代相为君，得天下后，仍夏之旧，不改国号。 ⑥羿善射。 ⑦淫纵其欲于原野以取禽兽。 ⑧四子皆当时贤臣。 ⑨寒：国名，今山东潍坊。浞：其人之名。 ⑩伯明：寒国之君。好言人恶曰谗。 ⑪伯明后寒，犹言寒后伯明。一解此句为“伯明君寒之时弃羿”亦通。 ⑫夷：羿之氏。 ⑬虞：乐，乐之以游田。 ⑭树：立。 ⑮悛：悔改。 ⑯家众：家内众人。亨：同“烹”，煮。 ⑰诸：之，语助词。 ⑱穷门：穷国之门。 ⑲靡：夏之遗臣。有鬲：夏时国名，今山东德州北有故城。 ⑳因：就，意言取。室：妻妾。浇、豷（yì）：皆寒浞取羿室所生子。 ㉑斟灌、斟寻：均夏时国名，为夏同姓诸侯，今山东寿光东北有斟灌城，潍坊东有斟亭即二国所在地。 ㉒过、戈：当时二国名，山东莱

州市北有过乡，戈地则在宋郑之间。　㉓二国即斟灌、斟寻。烬：遗民。　㉔少康：仲康之孙，相子。　㉕后杼：少康子。　㉖辛甲：周武王时太史。　㉗命百官各以所居官事为箴辞以戒王之阙失。　㉘虞人：掌田猎之官。　㉙芒芒：远貌。禹迹：夏禹治水足迹所经之地。　㉚九州：荆、梁、雍、豫、徐、扬、青、兖、冀。　㉛经营启辟九州之道路。㉜人物各有所归，故德政布施而不乱。　㉝冒：贪。㉞忘其国家当忧恤之事。　㉟麀：雌兽。牡：雄兽。㊱武：指田猎。　㊲因其重田猎，虽有夏家，不能恢大。㊳仆夫：君之侍从，意指君上，不敢斥尊。　㊴荐：聚，言其逐水草而居。　㊵重货财，轻土地，其土可贾。　㊶与戎言和，则边鄙不惧戎侵；耸：惊惧。　㊷狎：习，亲。㊸穑人：耕种之人。　㊹顿：坏。

郑子国、子耳侵蔡[①]；获蔡司马公子燮[②]。郑人皆喜，唯子产不顺[③]，曰："小国无文德，而有武功，祸莫大焉。楚人来讨，能勿从乎？从之，晋师必至。晋、楚伐郑，自今郑国不四五年，弗得宁矣。"子国怒之曰："尔何知！国有大命[④]，而有正卿。童子言焉，将为戮矣！"

---

①子国：郑穆公之子，公子发。子耳：子良之子，公孙辄。蔡服于楚，侵之，所以媚晋，事在鲁襄公八年。　②公子燮：蔡侯庄公之子。　③子产：子国之子，公孙侨，为春秋时善治国者。不顺：不顺众以喜。　④大命：起师行军之命。

冬①，楚子囊②伐郑，讨其侵蔡也。子驷③、子国、子耳欲从楚，子孔、子蟜、子展④欲待晋。子驷曰："《周诗》有之曰：'俟河之清，人寿几何？兆云询多，职竞作罗⑤。'谋之多族⑥，民之多违，事滋⑦无成。民急矣，姑从楚，以纾吾民。晋师至，吾又从之。敬共币帛，以待来者，小国之道也。牺牲玉帛，待于二竟⑧，以待强者而庇民焉。寇不为害，民不罢病，不亦可乎？"

子展曰："小所以事大，信也。小国无信，兵乱日至，亡无日矣。五会之信⑨，今将背之，虽楚救我，将安用之⑩？亲我无成⑪，鄙我是欲⑫，不可从也。不如待晋。晋君方明，四军无阙⑬，八卿和睦⑭，必不弃郑。楚师辽远，粮食将尽，必将速归，何患焉？舍之闻之：'杖莫如信⑮。'完守以老楚，杖信以待晋，不亦可乎？"

子驷曰："《诗》云：'谋夫孔多，是用不集。发言盈庭，谁敢执其咎？如匪行迈谋，是用不得于道⑯。'请从楚，骓也受其咎。"乃及楚平。

---

①襄公八年冬。　②子囊：楚庄王子，公子贞，时为楚令尹。　③子驷：郑穆公子，公子骓。　④子孔：亦穆公子，公子嘉。子蟜（jiǎo）：子游之子，公孙虿。子展：子罕之子，公孙舍之。　⑤此为逸诗。河：黄河，其水浊而不清。兆：卜。询：谋。职：主。竞：争。言河水本浊，欲俟其清，漫漫无期，喻晋之不可恃，既卜且谋，争作主张，其繁复如罗

网然，少能成事。　⑥族：家。　⑦滋：益。　⑧二竟：邻于晋楚二国之境。竟：与“境”同。　⑨五会：鲁襄三年会鸡泽，五年会戚，又会于城棣，七年会于鄬，八年会于邢丘。⑩信已失，得楚亦不足贵。　⑪晋亲郑而不与成。　⑫楚欲以郑为鄙邑，而反欲与成。　⑬晋设上军、中军、下军、新军。　⑭四军将佐八人于朝列卿位，故曰八卿。　⑮言可恃者莫如信。　⑯《诗经·小雅·小旻》之词。孔：甚。执：尸。行迈：皆有往义，谓不往实行而徒坐以计谋。

使王子伯骈[①]告于晋，曰：“君命敝邑：‘修而车赋，儆[②]而师徒，以讨乱略[③]。’蔡人不从，敝邑之人不敢宁处，悉索敝赋，以讨于蔡，获司马燮，献于邢丘[④]。今楚来讨曰：‘女何故称兵于蔡？’焚我郊保[⑤]，冯陵我城郭[⑥]。敝邑之众，夫妇男女，不遑[⑦]启处，以相救也。翦焉[⑧]倾覆，无所控告[⑨]。民死亡者，非其父兄，即其子弟。夫人愁痛，不知所庇。民知穷困，而受盟于楚。狐也与其二三臣不能禁止。不敢不告。”

知武子[⑩]使行人子员[⑪]对之曰：“君有楚命，亦不使一个行李[⑫]告于寡君，而即安于楚。君之所欲也，谁敢违君？寡君将帅诸侯以见于城下。唯君图之！”

---

①王子伯骈：郑大夫。　②儆：戒备。　③乱略：好作乱略夺者。　④邢丘：地名，今河南温县。是年，晋悼会诸侯于此。　⑤郊：郊外。郊保：郊外之小城堡。　⑥冯：

迫。陵：侵。　⑦遑：闲暇。启处：居处之意。　⑧翦：尽。　⑨控：引，一说告。　⑩知武子：即荀罃（yīng），见《楚庄争霸》，邲之役，为楚所囚，旋释归，将中军。⑪子员：晋大夫，时为行人。　⑫一个：个人。行李：行人。

冬[1]十月，诸侯伐郑。庚午，季武子[2]、齐崔杼、宋皇郧从荀罃、士匄门于鄟门[3]，卫北宫括、曹人、邾人从荀偃[4]、韩起门于师之梁[5]，滕人、薛人[6]从栾黡、士鲂[7]门于北门，杞人[8]、郳人从赵武[9]、魏绛斩行栗[10]。甲戌，师于汜[11]。令于诸侯曰："修器备，盛糇粮[12]，归老幼，居疾于虎牢[13]，肆眚[14]，围郑。"

郑人恐，乃行成。中行献子曰："遂围之，以待楚人之救也，而与之战。不然，无成。"知武子曰："许之盟而还师，以敝楚人。吾三分四军，与诸侯之锐，以逆来者，于我未病，楚不能矣。犹愈于战。暴骨以逞，不可以争[15]。大劳未艾[16]。君子劳心，小人劳力，先王之制也[17]。"诸侯皆不欲战，乃许郑成。

---

①襄公九年冬。　②季武子：鲁卿，名宿。　③士匄（gài）：又称范匄，时佐中军。鄟（zhuān）门：郑城门名。④荀偃：字伯游，即中行献子。　⑤韩起：韩厥子，韩宣子。师之梁：郑城门名。　⑥薛：任姓国，侯爵，今山东滕州西南。　⑦士鲂：士会子，一称彘季。　⑧杞：夏之后，地即今河南杞县。　⑨郳（ní）：国名，今山东滕州市。赵武：

赵文子，时为新军将，佐魏绛。 ⑩行：道。栗：表道之树。 ⑪汜：见《晋文建霸》。 ⑫糇（hóu）粮：干粮。 ⑬使诸军之有疾者息居虎牢。 ⑭肆：缓。眚（shěng）：过。赦军中之有过者。 ⑮言争当以谋，不可以暴骨。 ⑯艾：息。 ⑰言当从劳心之劳，不应从劳力之劳。

十一月己亥，同盟于戏[①]，郑服也。将盟，郑六卿，公子騑、公子发、公子嘉、公孙辄、公孙虿、公孙舍之及其大夫、门子[②]，皆从郑伯。晋士庄子为载书[③]，曰："自今日既盟之后，郑国而不唯晋命是听，而或有异志者，有如此盟！"公子騑趋进曰："天祸郑国，使介居二大国之间[④]，大国不加德音，而乱以要之[⑤]，使其鬼神不获歆[⑥]其禋祀，其民人不获享其土利，夫妇辛苦垫隘[⑦]，无所厎告[⑧]。自今日既盟之后，郑国而不唯有礼与强可以庇民者是从，而敢有异志者，亦如之。"荀偃曰："改载书[⑨]。"公孙舍之曰："昭大神要言焉[⑩]。若可改也，大国亦可叛也。"知武子谓献子曰："我实不德，而要人以盟，岂礼也哉？非礼，何以主盟？姑盟而退，修德、息师而来，终必获郑，何必今日？我之不德，民将弃我，岂唯郑？若能休和，远人将至，何恃于郑？"乃盟而还。

---

①戏：郑地。 ②门子：卿之适子。 ③士庄子：士弱。载书：盟书。 ④介：间厕。二大国：谓晋、楚。 ⑤以兵乱之力强要郑。 ⑥歆：享。 ⑦垫隘：委顿之状。 ⑧厎：至，言无所告诉。 ⑨子驷亦以所言载于策，故欲改

之。　⑩盟誓必昭告鬼神而要约誓言。

晋人不得志于郑，以诸侯复伐之。十二月癸亥，门其三门[①]。闰月戊寅[②]，济于阴阪[③]，侵郑[④]。次于阴口[⑤]而还。子孔曰："晋师可击也，师老而劳，且有归志，必大克之。"子展曰："不可。"

---

①三门：当为东、西、北门。唯留南门不攻，盖待楚兵。②说者谓核算此年，不当有闰月戊寅，疑闰为"门五"二字之讹，月本"日"字，因前二字之讹而又改，癸亥去戊寅，凡十六日，盖以癸亥始攻，晋三分四军，更番攻一门，各攻五日而退。　③阴阪：在洧水旁，洧水在今河南新郑。　④进攻郑三门，郑不服，复济阴阪侵郑外邑。　⑤阴口：郑地。

楚子伐郑。子驷将及楚平，子孔、子蟜曰："与大国盟，口血未干而背之[①]，可乎？"子驷、子展曰："吾盟固云：'唯强是从。'今楚师至，晋不我救，则楚强矣。盟誓之言，岂敢背之？且要盟无质，神弗临也。所临唯信，信者，言之瑞也，善之主也，是故临之。明神不蠲要盟[②]，背之，可也。"乃及楚平。公子罢戎[③]入盟，同盟于中分[④]。楚庄夫人卒，王未能定郑而归[⑤]。

---

①十一月与晋盟，歃血于口犹未干。　②蠲（juān）：洁。言盟不忠信，则神不以为洁而临之。　③公子罢戎：楚大

夫。　④中分：郑城中里名。　⑤时楚王为共王。庄夫人：庄王夫人，共王母。

郑人患晋、楚之故[1]。诸大夫曰："不从晋，国几亡。楚弱于晋，晋不吾疾也[2]。晋疾，楚将辟之。何为而使晋师致死于我[3]，楚弗敢敌，而后可固与也[4]。"子展曰："与宋为恶，诸侯必至，吾从之盟。楚师至，吾又从之，则晋怒甚矣。晋能骤来，楚将不能，吾乃固与晋。"大夫说之，使疆埸之司恶于宋。宋向戌[5]侵郑，大获。子展曰："师而伐宋可矣。若我伐宋，诸侯之伐我必疾，吾乃听命焉，且告于楚。楚师至，吾乃与之盟，而重赂晋师，乃免矣[6]。"夏[7]，郑子展侵宋。

---

①患晋楚交迭来侵之故。　②疾：怨恨。　③言如何方得使晋师致死力于我。　④俟晋致死，楚不敢敌，而后我始得安然附晋。　⑤向戌：宋大夫。　⑥乃免晋楚之难。⑦襄公十一年夏。

四月，诸侯伐郑。己亥，齐太子光[1]、宋向戌先至于郑，门于东门。其莫[2]，晋荀罃至于西郊，东侵旧许[3]。卫孙林父[4]侵其北鄙。六月，诸侯会于北林，师于向[5]，右还，次于琐[6]。围郑，观兵于南门，西济于济隧[7]。郑人惧，乃行成。

秋七月，同盟于亳[8]。范宣子[9]曰："不慎[10]，必失诸侯。诸侯道敝而无成[11]，能无贰乎？"乃盟，载书曰："凡我同盟，毋蕴年[12]，毋壅利[13]，毋保奸[14]，毋留慝[15]，救灾患，恤祸乱，同好恶，奖[16]王室。或间兹命[17]，司慎、司盟[18]，名山、名川，群神、群祀，先王、先公，七姓[19]、十二国之祖，明神殛之，俾失其民，队命亡氏[20]，踣其国家[21]。”

---

①太子光：齐灵公之子，后为齐庄公。　②莫：同“暮”。③旧许：许之旧国，为郑新邑。　④孙林父：卫大夫。⑤向：郑地，今河南尉氏县西南。　⑥琐：郑地，今河南新郑北。　⑦济：隧水名，属郑。　⑧亳：今河南偃师。⑨范宣子：士匄。　⑩慎：敬威仪，慎辞令。　⑪因数伐郑疲，敝于道路，而不足以成表率。　⑫蕴：积。年：谷熟。此谓毋得积粮而不救邻国灾。　⑬毋得壅塞山川之利而专有于己。　⑭毋得保藏奸宄。　⑮毋得收留邪慝之人。⑯奖：助。　⑰间：间厕，句乃对兹命不诚纯信守之意。⑱司慎、司盟：二天神。　⑲七姓：鲁、卫、晋、曹、滕、郑之姬姓，宋之子姓，薛之任姓，邾小邾之曹姓，齐之姜姓，杞之姒性。此时郑国尚未兴盟，故未数之。　⑳队：同“坠”。坠其天命，绝其嗣息。　㉑踣（bó）：毙。

楚子囊乞旅[1]于秦，秦右大夫詹帅师从楚子，将以伐郑。郑伯逆之[2]。丙子，伐宋[3]。

---

①旅：兵。　②郑伯：简公嘉。逆：未至而服。③以郑逆服，故移师伐宋，秦师先还，未与。

九月，诸侯悉师[1]以复伐郑。郑人使良霄[2]、大宰石㚟[3]如楚，告将服于晋，曰："孤以社稷之故，不能怀君。君若能以玉帛绥晋，不然，则武震以摄威之，孤之愿也。"楚人执之。

---

①前次诸侯之师皆来，故曰悉师。 ②良霄：公孙辄子伯有。 ③㚟：音 chùo。

诸侯之师观兵于郑东门。郑人使王子伯骈行成。甲戌，晋赵武入盟郑伯。冬十月丁亥，郑子展出盟晋侯。十二月戊寅，会于萧鱼[1]。庚辰，赦郑囚，皆礼而归之；纳斥候[2]；禁侵掠。晋侯使叔肸[3]告于诸侯。公使臧孙纥[4]对曰："凡我同盟，小国有罪，大国致讨，苟有以藉手，鲜不赦宥[5]，寡君闻命矣。"

---

①萧鱼：郑地，今河南许昌。 ②斥候：仙察兵与巡逻兵。纳：收。 ③叔肸（xī）：羊舌肸，字叔向，晋贤大夫。 ④公孙纥：臧武仲，鲁大夫。 ⑤藉手：小成就。言晋讨有罪之小国，苟小有成就，类皆宥其既往之咎。

郑人赂晋侯以师悝、师触、师蠲[1]，广车、軘车淳十五乘[2]，甲兵备，凡兵车百乘[3]；歌钟二肆[4]，及其镈、磬[5]，女乐二八[6]。

晋侯以乐之半赐魏绛，曰："子教寡人和诸戎狄以正诸华。八年之中，九合诸侯⑦，如乐之和，无所不谐，请与子乐之。"辞曰："夫和戎狄，国之福也；八年之中，九合诸侯，诸侯无慝，君之灵也，二三子之劳也，臣何力之有焉？抑臣愿君安其乐而思其终也。《诗》曰：'乐只君子，殿天子之邦。乐只君子，福禄攸同。便蕃左右，亦是帅从⑧。'夫乐以安德，义以处之，礼以行之，信以守之，仁以厉之，而后可以殿邦国、同福禄、来远人，所谓乐也⑨。《书》曰：'居安思危⑩。'思则有备，有备无患，敢以此规。"公曰："子之教，敢不承命！抑微子，寡人无以待戎⑪，不能济河⑫。夫赏，国之典也，藏在盟府⑬，不可废也，子其受之！"魏绛于是乎始有金石之乐，礼也⑭。

---

①悝、触、蠲：皆乐师名。　②广车、軘车：兵车名。軘车又见《楚庄争霸》。淳：耦。　③连前十五乘之广軘在内，及他兵车共百乘。　④肆：列，悬钟十六为一肆，二肆三十二枚。　⑤镈、磬：皆乐器名。　⑥二八：十六人。⑦八年：鲁襄四年至十一年。九合诸侯：襄五年会戚、会城棣，七年会鄬，八年会邢丘，九年会戏，十年会柤，戍郑虎牢，十一年盟于亳，会于萧鱼。　⑧《诗经·小雅·采菽》之辞。殿：安定。攸：所。便蕃：频数。言君子有可乐之德，故远方之人相率来朝，频数奔走于左右。　⑨乐以和其心，义以处位，礼以行教令，信以守所行，仁以厉俗，五德皆备斯为乐，不但金石。　⑩《逸书》之辞。　⑪待：待遇。　⑫不

能济河南服郑。　　⑬司盟府有赏功之制。　　⑭礼：大夫有功则赐乐。

晋楚弭兵

鲁襄公二十五年——昭公元年

赵文子为政[①]，令薄诸侯之币，而重其礼[②]。穆叔见之[③]。谓穆叔曰："自今以往，兵其少弭矣。齐崔、庆新得政[④]，将求善于诸侯。武也知楚令尹[⑤]。若敬行其礼，道之以文辞，以靖诸侯，兵可以弭。"[⑥]

---

①赵武代范匄为政。　②以重礼待诸侯。　③穆叔：鲁大夫叔孙豹，谥曰穆子。见：见赵文子。　④崔、庆：崔杼、庆封，皆齐大夫，时方执齐政。　⑤时楚令尹为屈建，字子木。　⑥此鲁襄公二十五年语。

宋向戌善于赵文子，又善于令尹子木，欲弭诸侯之兵以为名[①]。如晋，告赵孟。赵孟谋于诸大夫。韩宣子曰："兵，民之残也，财用之蠹，小国之大灾也。将或弭之，虽曰不可，必将许之[②]。弗许，楚将许之，以召诸侯，则我失为盟主矣。"晋人许之。如楚，楚亦许之。如齐，齐人难之。陈文子[③]曰："晋、楚许之，我焉得已？且人曰'弭兵'，而我弗许，则固携吾民矣，将焉用之[4]？”齐人许之。告于秦，秦亦许之。皆告于小国，为会于宋。

---

①欲获息民之名。②虽知兵不能弭，然今不可不许。③陈文子：齐大夫，名须无。④言民心已贰，如何为用。

五月[1]甲辰，晋赵武至于宋。丙午，郑良霄至。六月丁未朔，宋人享赵文子，叔向为介。司马置折俎，礼也[2]。仲尼使举是礼也，以为多文辞[3]。戊申，叔孙豹、齐庆封、陈须无、卫石恶至。甲寅，晋荀盈从赵武至[4]。丙辰，邾悼公至[5]。壬戌，楚公子黑肱先至，成言于晋[6]。丁卯，宋向戌如陈，从子木成言于楚[7]。戊辰，滕成公至。子木谓向戌：“请晋、楚之从交相见也[8]。”庚午，向戌复于赵孟。赵孟曰：“晋、楚、齐、秦，匹也。晋之不能于齐，犹楚之不能于秦也。楚君若能使秦君辱于敝邑，寡君敢不固请于齐？”壬申，左师[9]复言于子木，子木使驲谒诸王[10]，王曰：“释齐、秦，他国请相见也。”秋七月戊寅，左师至[11]。是夜也，赵孟及子皙盟[12]，以齐言[13]。庚辰，子木至自陈。陈孔奂、蔡公孙归生至[14]。曹、许之大夫皆至。以藩为军[15]，晋、楚各处其偏[16]。伯夙[17]谓赵孟曰：“楚氛甚恶，惧难[18]。”赵孟曰：“吾左还，入于宋[19]，若我何？”

---

①襄公二十七年五月。②折俎：体解节折，升之于俎，卿享宴之礼。司马：掌会同之事，故宋人令置折俎。③举：

记录之。二语甚略，本意难知，盖此事宾主多有言辞，时人迹而记之，仲尼见而善其言。使弟子录之以为后世法，左氏述仲尼是举，特明此享多文辞，其文辞可法。　④荀盈之至，非奉晋侯命，盖依赵武命追来，故云从。　⑤小国不使人，君自来；下滕成公同。　⑥公子黑肱：楚康王弟。令尹子木时止陈，先就黑肱就晋盟载之言，两相然可。　⑦就于陈成楚之要言。　⑧楚晋各有盟国，楚请晋之盟国朝楚，楚之盟国朝晋。　⑨左师：即向戌，本宋官名，戌为是官，故称。⑩驲：传。谒：告。王：康王。　⑪从陈还。　⑫子皙：即黑肱。　⑬要齐其辞，至盟时不得复争。　⑭二国大夫与子木同来。　⑮古人行军，止则筑垒堑以备不虞，此以藩篱为军者，以方弭兵，示不相忌。　⑯晋处北，楚处南。⑰伯夙：即荀盈，然传无明据。　⑱氛：气。言楚有袭晋之气，恐晋有难。　⑲晋营在东，有急，可左回入宋东门。

辛巳，将盟于宋西门之外。楚人衷甲①。伯州犁②曰："合诸侯之师，以为不信，无乃不可乎？夫诸侯望信于楚，是以来服。若不信，是弃其所以服诸侯也。"固请释甲。子木曰："晋、楚无信久矣，事利而已。苟得志焉，焉用有信？"大宰退，告人曰："令尹将死矣，不及三年③。求逞志而弃信，志将逞乎④？志以发言，言以出信，信以立志，参以定之⑤。信亡，何以及三⑥？"赵孟患楚衷甲，以告叔向。叔向曰："何害也？匹夫一为不信，犹不可，单毙其死⑦。若合诸侯之卿，以为不信，必不捷矣！食言者不病⑧，非子之患也⑨。夫以信召人，而以僭济之[10]，必莫之与也，安能害我？且吾因宋以守病[11]，则夫[12]能致死，与宋致死，虽倍楚可也[13]，子何惧焉？又不及是[14]。曰弭兵以召诸侯，而称兵[15]以害我，吾庸多矣[16]，非所患也。”

---

①衷甲：衣甲于衣中，欲因会击晋。　②伯州犁：晋大夫伯宗子，宗为晋所害，州犁奔楚，时为太宰。　③子木明年死。　④志将逞乎：言其不得逞。　⑤志有所之，言乃出口，故志以发言。与人为信，必言以告之，故言以出信。于人有信，志乃得立，故信以立志。人身处世，常恐不得安定。参：三；言、信、志三者备具，而后身得安定，欲安其身，用此三者以定之。　⑥信亡则志不立，失志必死不久，何以得及三年。　⑦单：尽。毙：踣。踣为前覆，倒地死，言无得生者。　⑧言之不用，若食之消散，故谓无信为食言。不病者：不惟病害而已，必至于死。　⑨谓楚食言当死，其患在楚，晋不食言，非子之患。　⑩僭：不信。济：成。⑪为楚所病，入宋城因之以守。　⑫夫：指晋军。犹言人人。⑬与宋皆致死，不但能敌楚而已，且力可倍于楚。　⑭又揣楚人之情，不应恶及于此。　⑮称兵：举兵。　⑯庸：用。言楚北信弃诸侯，于我大有用。

季武子使谓叔孙以公命，曰：“视邾、滕[1]。”既而齐人请邾，宋人请滕，皆不与盟[2]，叔孙曰：“邾、滕，人之私也；我，列国也，何故视之？宋、卫，吾匹也。”乃盟。

晋、楚争先③。晋人曰："晋固为诸侯盟主，未有先晋者也。"楚人曰："子言晋、楚匹也，若晋常先，是楚弱也④。且晋、楚狎主诸侯之盟久矣⑤，岂专在晋？"叔向谓赵孟曰："诸侯归晋之德只⑥，非归其尸⑦盟也。子务德，无争先！且诸侯盟，小国固必有尸盟者⑧，楚为晋细，不亦可乎？"乃先楚人。

---

①小国可为人私属，专事其一，否则两事晋、楚，贡赋重，故季武子令叔孙比视邾、滕之小国，又恐叔孙不从己命，故假公命以命之。　②以二国为其属。　③争先歃血。④弱则不为匹矣。　⑤狎：更。言晋、楚历来更迭主诸侯之盟已久。　⑥只：语辞。　⑦尸：主。　⑧小国主办具。此盟系争先歃，不争主办具，叔向恐事决裂而生战衅，特借以为劝耳。

壬午，宋公①兼享晋、楚之大夫，赵孟为客②。子木与之言，弗能对；使叔向侍言焉，子木亦不能对也。

乙酉，宋公及诸侯之大夫盟于蒙门之外③。子木问于赵孟曰："范武子④之德何如？"对曰："夫子之家事治，言于晋国无隐情。其祝史陈信于鬼神无愧辞。"子木归以语王。王曰："尚⑤矣哉！能歆神、人⑥，宜其光辅五君以为盟主也⑦。"子木又语王曰："宜晋之伯也，有叔向以佐其卿，楚无以当之，不可与争。"晋荀盈遂如楚莅盟⑧。

---

①宋公：平公成。　②客：宾，惟一人，一坐所尊。　③蒙门：宋城门。前盟诸大夫不敢与公敌，礼固当然，今宋公以近在其国，故谦而重盟。　④范武子：士会。其德闻于诸侯，故令尹以为问。　⑤尚：崇，高。　⑥歆：享，欣喜。能使神享其祭，人怀其德。　⑦五君：文、襄、灵、成、景。　⑧重结两国之好。

宋左师请赏，曰："请免死之邑①。"公与之邑六十。以示子罕②，子罕曰："凡诸侯小国，晋、楚所以兵威之。畏而后上下慈和，慈和而后能安靖其国家，以事大国，所以存也。无威则骄，骄则乱生，乱生必灭，所以亡也。天生五材③，民并用之，废一不可，谁能去兵④？兵之设久矣，所以威不轨而昭文德也。圣人以兴，乱人以废。废兴、存亡、昏明之术，皆兵之由也⑤。而子求之⑥，不亦诬乎！以诬道蔽诸侯，罪莫大焉。纵无大讨，而又求赏，无厌之甚也！"削而投之⑦。左师辞邑。

向氏欲攻司城⑧，左师曰："我将亡，夫子存我，德莫大焉。又可攻乎？"君子曰："'彼己之子，邦之司直⑨。'乐喜之谓乎⑩！'何以恤我，我其收之⑪。'向戌之谓乎⑫？"

---

①向戌弭兵之谋不成，则罪当死，成矣，而自矜其功，言得免死，故请赏。　②子罕：乐喜。　③五材：金、木、水、火、土。　④兵：金。　⑤德刑礼义，与存盛明之法

术。骄淫残虐，废亡昏明之法术。皆畏惧此兵，行善不行恶，畏之则兴，不畏则亡，故云皆兵之由。　⑥求：求不用兵。⑦宋公赏邑，书之于札，向戌执以示子罕，子罕削其字，投之于地。　⑧子罕时为司城之官，故即称之。　⑨《诗经·郑风》之辞。　⑩善其不阿向氏。　⑪此逸诗。恤：优；收：取。　⑫善向戌能知其过。

楚薳罢[1]如晋莅盟，晋侯享之。将出，赋《既醉》[2]。叔向曰："薳氏之有后于楚国也，宜哉！承君命，不忘敏。子荡将知政矣。敏以事君，必能养民，政其焉往？[3]"

---

①薳（wěi）罢：字子荡。　②《既醉》：《诗经·大雅》之词，词曰："既醉以酒，既饱以德，君子万年，介尔景福。"以美晋侯，比之太平君子。　③至楚灵王时，薳罢遂为令尹。

夏[1]，齐侯、陈侯、蔡侯、北燕伯、杞伯、胡子、沈子、白狄朝于晋，宋之盟故也[2]。

---

①襄公二十八年夏。　②陈、蔡、胡、沈皆楚属，宋盟曰："晋楚之从交相见，故朝晋也。"

为宋之盟故，公及宋公、陈侯、郑伯、许男如楚[1]。

---

①襄公二十八年冬间事，未至楚而楚康王卒，襄公留送葬，至明年归。

楚屈建卒，赵文子丧之如同盟，礼也①。

---

①宋盟有衷甲之隙，而文子不以此废好，故曰礼。

元年春①，楚公子围聘于郑，且娶于公孙段氏②。伍举为介③。将入馆④，郑人恶之⑤，使行人子羽⑥与之言，乃馆于外⑦。既聘，将以众逆⑧。子产患之，使子羽辞，曰："以敝邑褊小，不足以容从者，请墠⑨听命！"令尹命大宰伯州犁⑩对曰："君⑪辱贶寡大夫围，谓围：'将使丰氏⑫抚有而室。围布几筵，告于庄、共之庙而来⑬。若野赐之，是委君贶于草莽也⑭，是寡大夫不得列于诸卿也⑮。不宁唯是⑯，又使围蒙其先君⑰，将不得为寡君老⑱，其蔑以复矣⑲。唯大夫图之？"子羽曰："小国无罪，恃实其罪⑳。将恃大国之安靖己，而无乃包藏祸心以图之。小国失恃，而惩诸侯，使莫不憾者，距违君命，而有所壅塞不行是惧㉑。不然，敝邑，馆人㉒之属也，其敢爱丰氏之祧㉓？"伍举知其有备也，请垂櫜而入㉔。许之。正月乙未，入，逆而出。遂会于虢㉕，寻宋之盟也。

---

①鲁昭公元年。　②公子围：庄王之孙，共王之子，康王之弟。时康王子熊麇在位，围为令尹，为聘女于郑。娶：围自娶妇。公孙段：字子石，郑穆公孙子丰子。　③伍举：伍员之祖，又称椒举，楚大夫。介：副。　④入馆：就馆舍。

⑤以楚机诈不可信，故恶之。 ⑥子羽：公孙挥。 ⑦馆于外：舍城外。 ⑧言将以兵众迎新妇。 ⑨请于城外除地为墠行婚礼。墠（shàn）：扫地以祭。 ⑩伯州犁：晋大夫，伯宗子，伯宗被害于晋，州犁奔楚，时为楚太宰，公子围弑熊麇，自立为王，并杀州犁。 ⑪君：谓楚王。 ⑫使丰氏：使于丰氏。 ⑬婚礼为嘉礼之重者，故围白布儿筵告祖父之庙而来，君位尊，不主臣婚，故围自告。 ⑭若受野赐之礼，则是委顿我君之命。 ⑮得贶于草莽之中，是寡大夫不得列于诸卿之位。 ⑯不宁唯是：犹言岂特此而已。 ⑰蒙：欺。告庙云，将向丰氏之家娶妻，若野受之，不至丰氏之家，是欺先君。 ⑱大臣称老。言将惧辱命而被黜。 ⑲复：复命。言无以复命于楚君。 ⑳言恃大国而不为备斯为罪。 ㉑言已失所恃，则诸侯将以为惩戒，距违君命使壅塞不行矣，小国所惧者此耳。 ㉒馆人：守舍人。 ㉓祧（tiāo）：言公孙段为子丰之子，子丰为穆公之子，则子丰乃别子为祖者。子丰死而立庙，即丰氏之祧矣。 ㉔櫜（tuó）：弓衣。垂櫜：示无弓。 ㉕虢：郑地。

祁午①谓赵文子曰："宋之盟，楚人得志②于晋。今令尹之不信，诸侯之所闻也。子弗戒，惧又如宋。子木之信称于诸侯，犹诈晋而驾焉③，况不信之尤者乎④？楚重得志于晋，晋之耻也。子相晋国，以为盟主，于今七年矣⑤。再合诸侯⑥，三合大夫⑦，服齐、狄，宁东夏⑧，平秦乱⑨，城淳于⑩，师徒不顿⑪，国家不罢⑫，民无谤讟⑬，诸侯无怨，天无大灾，子之力也。有令名矣，而终之以耻，午也是惧，吾子其不可以不戒。”文子曰：“武受赐矣[14]！然宋之盟，子木有祸人之心，武有仁人之心，是楚所以驾于晋也。今武犹是心也，楚又行僭[15]，非所害也。武将信以为本，循而行之。譬如农夫，是穮是蓘[16]，虽有饥馑，必有丰年。且吾闻之：‘能信不为人下。’吾未能也[17]。《诗》曰：‘不僭不贼，鲜不为则[18]。’信也。能为人则者，不为人下矣。吾不能是难，楚不为患。”楚令尹围请用牲读旧书加于牲上而已[19]。晋人许之。

---

①祁午：晋大夫，祁奚子。 ②得志：谓先歃。③诈：谓衷甲；驾：陵于上。 ④尤：甚。 ⑤文子于鲁襄公二十五年为政，襄公三十一年薨，今虽为昭公元年，然其时常依夏正言，方襄公三十一年之十一、十二月，故仍云七年。⑥襄公二十五年会夷仪，二十六年会澶渊。 ⑦襄二十七年会宋，三十年会澶渊，今会虢。 ⑧襄二十八年，齐侯白狄朝晋。东夏：东方之华夏。 ⑨襄二十六年，秦晋成。⑩襄二十九年，城杞之淳于，杞迁都焉。 ⑪顿：疲，挫伤。⑫罢：同“疲”。 ⑬讟（dú）：亦谤。 ⑭受午之言。⑮僭：不信。 ⑯穮（biāo）：去草。蓘（gǔn）：壅苗。⑰言恐吾犹未能信。 ⑱《诗经·大雅》之词。僭：不信。贼：害人。 ⑲旧书：宋旧盟书。楚恐晋先歃，故欲从旧书加于牲上不歃血。

三月甲辰，盟。楚公子围设服、离卫[1]。叔孙穆子曰：

“楚公子美矣，君哉！”郑子皮[2]曰：“二执戈者前矣。”蔡子家[3]曰：“蒲宫有前，不亦可乎[4]？”楚伯州犁曰：“此行也，辞而假之寡君。”郑行人挥曰：“假不反矣[5]。”伯州犁曰：“子姑忧子皙之欲背诞也[6]。”子羽曰：“当璧犹在，假而不反，子其无忧乎[7]？”齐国子[8]曰：“吾代二子愍矣[9]！”陈公子招曰：“不忧何成？二子乐矣[10]。”卫齐子[11]曰：“苟或知之，虽忧何害[12]？”宋合左师[13]曰：“大国令，小国共。吾知共而已[14]。”晋乐王鲋曰：“《小旻》之卒章善矣，吾从之[15]。”

退会，子羽谓子皮曰：“叔孙绞而婉[16]，宋左师简而礼[17]，乐王鲋字而敬[18]，子与子家持之[19]，皆保世之主也。齐、卫、陈大夫其不免乎！国子代人忧，子招乐忧，齐子虽忧弗害。夫弗及而忧，与可忧而乐，与忧而弗害，皆取忧之道也，忧必及之。《大誓》[20]曰：‘民之所欲，天必从之。’三大夫兆忧[21]，忧能无至乎？言以知物[22]，其是之谓矣。”

---

①设服：设君服。离卫：犹陈、卫，二人执戈陈前以自卫，国君行时之礼。围虽为令尹，实有为君之心，旋卒弑熊麇而自立，是为灵王。　②子皮：罕虎，郑穆公曾孙，公孙舍之子。③子家：公孙归生。　④蒲宫：无据，或谓围在会，曾缉蒲为王殿屋以自异。子家言既前已造王宫以居矣，今为王仪，无所怪。　⑤言恐将遂为君，不复归还。　⑥子皙：郑大夫公孙黑。黑于襄公三十年杀良霄，背命放诞，终将为国难，故州犁谓子羽且自忧，毋忧人之不还戈也。后子皙果欲为乱，子产讨诛之。　⑦初，楚共王无适子，有宠子五人，乃祭群神，

祈其所当立者，密埋璧于祖庙之庭，曰："当璧而拜者，神所立也。"遂使五人依长幼之序入拜，康王过其上，围肘加之，公子黑、肱，公子比皆相离甚远，公子弃疾最弱，拜独当璧——后继灵王即位，为平王——故子羽谓弃疾有当璧之命，围虽取国，犹将有难，子不能无忧。 ⑧国子：齐大夫国弱。 ⑨二子：围及州犁。围是年冬即篡，而卒不终，州犁即为围所杀，故皆愍。 ⑩言以忧生事，事成而乐。 ⑪齐子：卫大夫齐恶。 ⑫言苟先知而为备，虽忧无害。 ⑬合左师：即向戌。 ⑭共：同"恭"。言恭承大国之命而已，不知其祸福。 ⑮《小旻》:《诗经·小雅》篇名，其卒章义取非惟暴虎冯河之可畏，不敬小人亦危，乐王鲋从斯义，故不敢讥议公子围。 ⑯绞：切。讥其似君，反谓之美，故曰婉。
⑰无所臧否，故曰简；恭事大国，故曰礼。 ⑱字：爱。不犯凶人，所以自爱敬。 ⑲持之：言无所取与。 ⑳《大誓》:《周书》篇名。 ㉑言闻忧之兆。 ㉒物：类。察言以知祸福之类。

吴阖庐入郢

鲁昭公十九年——定公六年

楚子之在蔡也①，郹阳②封人之女奔之，生大子建。及即位，使伍奢为之师③。费无极为少师，无宠焉④，欲谮诸王，曰："建可室矣⑤。"王为之聘于秦，无极与逆⑥，劝王取之，正月⑦，楚夫人嬴氏至自秦⑧。

---

①楚子：楚平王。在蔡：盖为大夫时聘于蔡。　②郹（jú）阳：蔡邑。　③伍奢：伍举子，伍员之父。　④言不为太子所宠。　⑤谓可娶妻。　⑥与逆：亦偕往迎秦女。　⑦鲁昭公十九年正月。　⑧王自取之，故称夫人。

楚子为舟师以伐濮①。费无极言于楚子曰："晋之伯也，迩于诸夏，而楚辟陋，故弗能与争。若大城城父②，而置大子焉，以通北方，王收南方，是得天下也。"王说，从之。故大子建居于城父。

---

①濮：南夷。　②城父：楚邑，城在今河南宝丰。

费无极言于楚子曰："建与伍奢将以方城之外叛①。自以为犹宋、郑也，齐、晋又交辅之，将以害楚。其事集矣。"王信之，问伍奢。伍奢对曰："君一过②多矣，何信于谗？"王执伍奢③。使城父司马奋扬杀大子。未至，而使遣之④。三月⑤，大子建奔宋。王召奋扬，奋扬使城父人执己以至。王曰："言出于余口，入于尔耳，谁告建也？"对曰："臣告之。君王命臣曰：'事建如事余。'臣不佞⑥，不能苟贰。奉初以还⑦，不忍后命，故遣之。既而悔之，亦无及已。"王曰："而⑧敢来，何也？"对曰："使而失命，召而不来，是再奸也⑨。逃无所入。"王曰："归。从政如他日⑩。"

---

①方城：见《齐桓霸业》注。　②一过：谓纳建妻。　③忿其言切，故执之。　④奋扬于至城父之前，使人告太子，遣令出奔。　⑤昭公二十年三月。　⑥不佞（nìng）：不才。　⑦还：同"旋"。言奉初命以周旋。　⑧而：汝。　⑨奸：犯。　⑩王善其言而舍之。

无极曰："奢之子材，若在吴，必忧楚国①，盍以免其父召之。彼仁，必来。不然，将为患。"王使召之，曰："来，吾免而父。"棠君尚谓其弟员②曰："尔适吴，我将归死。吾知不逮③，我能死，尔能报。闻免父之命，不可以莫之奔也；亲戚为戮，不可以莫之报也。奔死免父，孝也；度功而行，仁也④；择任而往，知也⑤；知死不辟，勇也⑥。父不可弃⑦，名不可废[8]，尔其勉之！相从为愈[9]。”伍尚归。奢闻员不来，曰：“楚君、大夫其旰食乎[10]！”楚人皆杀之[11]。

①言若令至吴，必为楚国忧。　②尚：奢长子，为棠邑大夫；员：奢次子，字子胥。　③知：即智。尚自以智不及员。　④仁者贵成功。　⑤择能任者以赴为智，指员负报仇之责。　⑥此尚自谓。　⑦俱归为弃父。　⑧俱死为废名。　⑨言汝其勉力报仇耳，胜于相从俱死。　⑩旰：晚。言将有吴忧，楚之君臣不遑晚食。　⑪杀奢并杀尚。

员如吴，言伐楚之利于州于[1]。公子光[2]曰：“是宗为戮而欲反其仇[3]，不可从也。”员曰：“彼将有他志[4]，余姑为之求士，而鄙以待之[5]。”乃见鱄设诸焉[6]，而耕于鄙。

①州于：吴王僚。　②公子光：即阖闾。　③反仇：报仇。　④言光有弑君自为之志，不利己之用事，故破坏伐楚之议。初，吴王寿梦有四子，诸樊、余祭、夷昧、季札，寿梦贤札，欲立之，札不受，三人乃相约依次立，以及札，既及矣，札又不受，夷昧子僚乃立，光自以诸樊子，札既不立，己当立，僚不应得位，故欲弑之。　⑤员以计不得用，乃反为光求能行弑之勇士以结于光，而退居鄙野以待之，盖知己志一时不能行，欲俟光得位而行之。　⑥见（xiàn）：为绍介于光。鱄设诸：勇士名。

楚囊瓦为令尹[1]，城郢。沈尹戌[2]曰：“子常必亡郢。苟不能卫，城无益也。古者，天子守在四夷[3]；天子卑，守在诸侯[4]。诸侯守在四邻[5]；诸侯卑，守在四竟。慎其四竟，结其四援[6]；民狎[7]其野，三务[8]成功。民无内忧，而又无外惧，国焉用城？今吴是惧，而城于郢，守已小矣。卑之不获[9]，能无亡乎？昔梁伯沟其公宫而民溃[10]，民弃其上，不亡，何待？夫正其疆埸，修其土田，险其走集[11]，亲其民人，明其伍候[12]，信其邻国，慎其官守，守其交礼[13]，不僭不贪[14]，不懦不耆[15]，完其守备，以待不虞，又何畏矣？《诗》曰：‘无念尔祖，聿修厥德。[16]’无亦监乎若敖、蚡冒至于武、文[17]？土不过同[18]，慎其四竟，犹不城郢。今土数圻，而郢是城，不亦难乎？”

---

①囊瓦：楚共王时令尹，公子贞，子囊之孙，字子常。②沈尹戌：庄王曾孙，叶公诸梁父。　③言德及于远。④言政卑损。　⑤邻国为之守。　⑥言结四邻为助。⑦狎：习。　⑧三务：春夏秋三时之务。　⑨言并四境亦不获守。　⑩此鲁僖公十九年事。梁伯好土功，民皆罢疲，乃于公宫为沟堑，曰：“秦将袭我。”民惧而溃，秦遂取梁。⑪走集：边境之垒壁。　⑫使民有部伍相为候望。　⑬交礼：交换之礼。　⑭不僭：守信。不贪：廉正。　⑮不懦：不受辱。耆（qí）：强；不强：不陵人。　⑯《诗经·大雅》之词。聿（yù）：述。言念祖考则述治其德以显之。　⑰四君皆楚先君之贤者。若敖名熊仪，蚡冒为若敖孙，武王为蚡冒弟，文王为武王子。　⑱田方千里为圻，同则未满圻。

九月①，楚平王卒。令尹子常欲立子西②，曰："大子壬弱③，其母非適也④，王子建实聘之。子西长而好善。立长则顺，建善则治。王顺、国治，可不务乎？"子西怒曰："是乱国而恶君王也⑤。国有外援，不可渎也⑥；王有適嗣，不可乱也。败亲、速仇⑦、乱嗣，不祥。我受其名⑧。赂吾以天下，吾滋不从也⑨，楚国何为？必杀令尹！"令尹惧，乃立昭王。

---

①昭公二十六年九月。 ②子西：公子申，平王庶长子。 ③壬：昭王名。 ④適：同"嫡"，昭王之母。 ⑤即平王前为太子建所聘之秦女。言王子建聘之，为彰君之恶。 ⑥外援：谓秦。渎：慢。 ⑦不立壬，秦将来讨，是速仇。 ⑧我立为王以受其恶名。 ⑨滋：益。言即赂吾以天下，使吾为天子，吾益不从。

吴子欲因楚丧而伐之，使公子掩余、公子烛庸帅师围潜①。使延州来季子聘于上国②，遂聘于晋，以观诸侯。楚莠尹然，工尹麇③帅师救潜，左司马沈尹戌帅都君子与王马之属以济师④，与吴师遇于穷⑤。令尹子常以舟师及沙汭⑥而还。左尹郤宛⑦、工尹寿帅师至于潜，吴师不能退⑧。

---

①公子掩余、公子烛庸：皆吴王僚母弟。潜：楚邑，今安徽。 ②延州来季子：即季札，本封延陵，后复封州来，故

称延陵，为今江苏武进。州来：不详其处，楚亦有州来，今安徽义台北，此非是。上国：中国，吴僻在东南，地卑下，中国在其上流，故称。当总谓宋、卫、陈、郑之属，下云遂聘于晋，可知晋不在上国之内。　③莠尹、工尹：皆楚官名；麇，其人名。　④都君子：都邑之士有复除者。王马之属：王之养马官属。济：益。　⑤穷：地名，今安徽霍邱西南。⑥沙汭（ruì）：沙水之隈曲处。　⑦郤宛：字子恶，为人直而和，后费无极谮于囊瓦，被害死。　⑧楚师强，故吴师不能退。

吴公子光曰："此时也，弗可失也①。"告鱄设诸曰："上国有言曰：'不索，何获？'我，王嗣也②，吾欲求之。事若成，季子虽至，不吾废也。"鱄设诸曰："王可弑也。母老、子弱，是无若我何③？"光曰："我，尔身也④。"

夏四月⑤，光伏甲于堀室⑥而享王。王使甲坐于道及其门⑦。门、阶、户、席，皆王亲也⑧，夹之以铍⑨。羞者献体改服于门外⑩。执羞者坐行而入⑪，执铍者夹承之，及体，以相授也⑫。光伪足疾，入于堀室⑬。鱄设诸置剑于鱼中以进，抽剑刺王⑭，铍交于胸，遂弑王⑮。阖庐以其子为卿⑯。

---

①欲因师徒在外不堪兵役而行弑逆。　②光为寿梦长孙；王诸樊子，故自以为王嗣。　③犹言"是无我若何"，意谓我母老子弱，无我，则如何，盖恐己死家亡，欲以老弱托光。④光言我身即尔身，尔之母子，犹我之母子，自任为之抚养。⑤昭公二十七年四月。　⑥堀室：地室。　⑦使甲士坐道

边以及光门。　⑧自门至阶，自阶至户，自户至席，皆王之亲兵。　⑨铍（pí）：剑之别名。　⑩羞者：进食者。献体：解衣。夹进食者以剑，令在门外解衣改服。　⑪坐行：膝行。⑫铍及羞者之体，进至王所，由王之左右受羞，互递授以进王。⑬恐难作而王党杀己，故先避匿。　⑭鱄设诸进食，乃得至王处，故可抽剑行刺。　⑮鱄设诸抽剑进刺，铍即交于其胸，而鱄设诸不顾，猛刺如故，故王死而鱄设诸亦死。　⑯鱄设诸果死，阖庐遂卿其子，以不负所托。

季子至，曰："苟先君无废祀，民人无废主，社稷有奉，国家无倾，乃吾君也。吾谁敢怨？哀死事生，以待天命。非我生乱，立者从之，先人之道也①。"复命哭墓②，复位而待③。吴公子掩余奔徐，公子烛庸奔钟吾④。楚师闻吴乱而还。

①吴自诸樊以下，兄弟相传，而不立適，是由先人起乱。季子自知力不能讨光，故云然。　②复使命于僚墓而哭之。③复本位以待光命。　④徐、钟吾：国名，后吴使二国执二子，二子奔楚吴，遂执钟吾子而灭徐。

吴子问于伍员曰："初而言伐楚，余知其可也，而恐其使余往也，又恶人之有余之功也。今余将自有之矣。伐楚何如？"对曰："楚执政众而乖，莫適任患①。若为三师以肄焉②，一师至，彼必皆出。彼出则归，彼归则出，楚必道敝③。亟④肄以罢之，多方⑤以误之。既罢而后以三军继之，必大克之。”阖庐从之⑥，楚于是乎始病。

①适：专主。 ②肄：劳。 ③罢敝于道。 ④亟：数。 ⑤多方：不专从一处进兵。 ⑥此方略定于昭公三十年。

秋①，吴人侵楚，伐夷②，侵潜、六③。楚沈尹戌帅师救潜，吴师还。楚师迁潜于南冈而还。吴师围弦④，左司马戌、右司马稽帅师救弦，及豫章⑤，吴师还。始用子胥之谋也。

①昭公三十一年秋。 ②夷：即城父。 ③六：楚邑，今安徽六安。 ④弦：楚所灭国，今河南息县。 ⑤豫章：地名，在淮南江北之界，汉移其名于江南，今江西南昌。

蔡昭侯①为两佩与两裘以如楚，献一佩一裘于昭王。昭王服之，以享蔡侯。蔡侯亦服其一。子常欲之，弗与，三年止之②。唐成公如楚，有两肃爽马③，子常欲之，弗与，亦三年止之。唐人或相与谋，请代先从者，许之④。饮先从者酒，醉之，窃马而献之子常。子常归唐侯。自拘于司败⑤，曰：“君以弄马之故，隐⑥君身，弃国家。群臣请相夫人以偿马⑦，必如之。”唐侯曰：“寡人之过也。二三子无辱。”皆赏之。蔡人闻之，固请⑧，而献佩于子常。子常朝，见蔡侯之徒，命有司曰：“蔡君之久也，官不共也⑨。明日礼不毕，将死⑩。”蔡侯归，及汉，执玉而沈，曰“余所有济汉而南者，有若大川[11]！”

①蔡昭侯：名申。　②留蔡侯于楚，三年不令归国。　③肃爽马：骏马名。　④请于楚，代先从唐侯之人许之。　⑤司败：古刑名，陈楚名司寇。窃马者自拘于司败。　⑥隐：忧。　⑦相：助。夫人：养马者。　⑧固请于昭侯。　⑨言蔡君所以久留不行，以楚礼遣之物不备故。　⑩明日而遣蔡侯之礼不完具者，将处以死罪。　⑪自誓若复渡汉，当受祸明如大川。

伍员为吴行人以谋楚。楚之杀郤宛也[1]，伯氏之族出。伯州犁之孙嚭[2]为吴大宰以谋楚。楚自昭王即位，无岁不有吴师。蔡侯因之，以其子乾与其大夫之子为质于吴。

冬[3]，蔡侯、吴子、唐侯伐楚。舍舟于淮汭[4]，自豫章与楚夹汉。左司马戌谓子常曰：“子沿汉而与之上下[5]，我悉方城外以毁其舟[6]，还塞大隧、直辕、冥厄[7]，子济汉而伐之，我自后击之，必大败之。”既谋而行。武城黑[8]谓子常曰：“吴用木也，我用革也[9]，不可久也，不如速战。”史皇[10]谓子常：“楚人恶子而好司马。若司马毁吴舟于淮，塞城口[11]而入，是独克吴也。子必速战！不然，不免。”乃济汉而陈，自小别至于大别[12]。三战，子常知不可[13]，欲奔。史皇曰：“安，求其事[14]，难而逃之，将何所入？子必死之，初罪必尽说[15]。”十一月庚午，二师陈于柏举[16]。阖庐之弟夫概王晨请于阖庐曰：“楚瓦不仁，其臣莫有死志。先伐之，其卒必奔；而后大师继之，必克。”弗许。夫概王曰：“所谓‘臣义而行，不待命’者，其此之谓也。今日我死，楚可入也。”以其属五千先击子常之卒。子常之卒奔，楚师乱，吴师大败之。子常奔郑。史皇以其乘广死⑰。

---

①子常信谗杀郤宛，事在昭公二十七年，参阅前注。②嚭：音 pǐ。　③定公四年冬。　④吴师乘舟从淮来，过蔡，置舟从陆。　⑤沿汉上下，遮勿使渡。　⑥以方城外人毁吴所舍舟。　⑦三者为汉东隘道。　⑧武城黑：武城之大夫名黑。　⑨用木为兵言其钝，用革为兵言其利。⑩史皇：楚大夫。　⑪城口：三隘道之总名。　⑫小别、大别：皆山名，今湖北汉川东南。　⑬知吴不可胜。⑭安泰时求知政事。　⑮言子必致死以克吴，可勉以前贪贿致寇等罪。　⑯二师：两国之师。柏举：地名，在今湖北。⑰兵车十五乘为一广。

吴从楚师，及清发①，将击之。夫概王曰：“困兽犹斗，况人乎？若知不免而致死，必败我。若使先济者知免，后者慕之，蔑有斗心矣。半济而后可击也。”从之。又败之。楚人为食，吴人及之，奔②。食而从之③，败诸雍澨④，五战，及郢⑤。

己卯，楚子取其妹季芈畀我以出⑥，涉睢⑦。针尹固与王同舟，王使执燧象以奔吴师⑧。

庚辰，吴入郢，以班处宫⑨。子山⑩处令尹之宫，夫概王欲攻之，惧而去之，夫概王入之⑪。

---

①清发：水名。　②奔：吴师追及之，楚师弃食而奔。③食而从之：吴师食楚所为之食而后又追逐之。　④湖北有三澨水，雍澨其一。　⑤五战：不必确指。或谓自小别至大别三战，柏举一战，清发一战，雍澨之战，以楚人走不暇陈，例须皆陈始称战，故不数云，但清发之战，楚兵既争济，亦未必犹陈。　⑥季芈（mǐ）、畀我：二人皆平王女。或谓季芈，名畀，字我。　⑦睢水，今沮水，在今湖北当阳北，在郢之西，楚子避吴西走。　⑧殷商时，中原有象，战国楚尚有象。故使固以火系象尾奔突吴师以惊却之。　⑨依班次之尊卑分处楚宫室。　⑩子山：吴王子。　⑪入令尹宫，言吴无礼，故不给遂克楚。

左司马戌及息而还①，败吴师于雍澨，伤。初，司马臣阖庐，故耻为禽焉②。谓其臣曰："谁能免吾首？"吴句卑③曰："臣贱，可乎？"司马曰："我实失子④，可哉！"三战皆伤，曰："吾不用也已。"句卑布裳，刭而裹之⑤，藏其身，而以其首免。

---

①息：楚邑，汉置新息县，县故城在今河南息县东。戌既依与子常成谋而行，及息，闻楚败，乃还。　②司马尝在吴为阖庐臣，故耻为吴禽。　③吴句卑：吴人名句卑，臣于司马。　④失子：失不知子贤。　⑤布：张。司马伤而自杀，

故句卑布裳，刭取其首而裹之。

楚子涉睢，济江，入于云中[①]。王寝，盗攻之，以戈击王，王孙由于以背受之，中肩。王奔郧[②]，钟建[③]负季芈以从。由于徐苏而从。郧公辛[④]之弟怀将弑王，曰："平王杀吾父，我杀其子，不亦可乎[⑤]？"辛曰："君讨臣，谁敢雠之？君命，天也。若死天命，将谁雠？《诗》曰：'柔亦不茹，刚亦不吐，不侮矜寡，不畏强御。[⑥]'唯仁者能之。违强陵弱，非勇也；乘人之约[⑦]，非仁也。灭宗废祀[⑧]，非孝也；动无令名，非知也。必犯是，余将杀女。"斗辛与其弟巢以王奔随[⑨]。吴人从之，谓随人曰："周之子孙在汉川者，楚实尽之。天诱其衷，致罚于楚，而君又窜[⑩]之，周室何罪？君若顾报周室，施及寡人，以奖天衷[⑪]，君之惠也。汉阳之田，君实有之。"楚子在公宫之北[⑫]，吴人在其南。子期[⑬]似王，逃王，而己为王，曰："以我与之，王必免。"随人卜与之，不吉，乃辞吴曰："以随之辟小，而密迩于楚，楚实存之。世有盟誓，至于今未改。若难而弃之，何以事君？执事之患不唯一人[⑭]，若鸠楚竟，敢不听命[⑮]。"吴人乃退。鑢金初[⑯]宦于子期氏，实与随人要言[⑰]。王使见[⑱]，辞，曰："不敢以约为利[⑲]。"王割子期之心以与随人盟。

---

①云中：云梦泽中，泽在今湖北安陆。　②郧：楚邑，汉置安陆县，县故城在今安陆北。　③钟建：楚大夫。

④郧公辛：斗辛，为郧邑令，僭称公。　⑤辛之父蔓成然于昭公十四年为平王所杀。　⑥《诗经·大雅·烝民》之词。茹：食。矜：同“鳏”。　⑦约：穷。　⑧弑君之罪应灭宗。　⑨随：国名，汉置县，今湖北随州。　⑩窜：匿。　⑪奖：成。　⑫随公宫之北。　⑬子期：昭王兄公子结。　⑭一人：楚王。　⑮鸠：安集，言吴能安集楚境，使无人为患，敢不以楚王致吴。　⑯鑢金初：人名。　⑰要言：与随人要约无以楚王与吴，并欲脱子期。　⑱王喜其意，欲引见之，以比王臣，且欲使盟随人。　⑲约：即谓要言。言此乃一时之事，非为德举，故辞不敢见，亦不肯为盟主。

初，伍员与申包胥友[①]。其亡也，谓申包胥曰：“我必复楚国[②]。”申包胥曰：“勉之！子能复之，我必能兴之。”及昭王在随，申包胥如秦乞师，曰：“吴为封豕、长蛇[③]，以荐[④]食上国，虐始于楚。寡君失守社稷，越在草莽。使下臣告急，曰：‘夷德无厌，若邻于君，疆埸之患也[⑤]。逮吴之未定，君其取分焉[⑥]。若楚之遂亡，君之土也。若以君灵抚之[⑦]，世以事君。’”秦伯使辞焉，曰：“寡人闻命矣。子姑就馆，将图而告。”对曰：“寡君越在草莽，未获所伏[⑧]。下臣何敢即安？”立，依于庭墙而哭，日夜不绝声，勺饮不入口七日。秦哀公为之赋《无衣》[⑨]。九顿首而坐。秦师乃出。

---

①申包胥：楚大夫。　②复：倾覆。　③封豕：大豕。喻吴之贪暴如蛇、豕。　④荐：数。　⑤吴有楚，则与秦

邻。　⑥言与吴共分其地。　⑦抚：存恤。　⑧伏：居处之所。　⑨《无衣》：《诗经·秦风》篇名，中有“修我甲兵，与子偕行”“修我戈矛，与子同仇”之语，盖赋此示许出师。

申包胥以秦师至[①]。秦子蒲、子虎[②]帅车五百乘以救楚。子蒲曰：“吾未知吴道[③]。”使楚人先与吴人战，而自稷[④]会之，大败夫概王于沂[⑤]。吴人获薳射[⑥]于柏举，其子帅奔徒[⑦]以从子西，败吴师于军祥[⑧]。

秋七月，子期、子蒲灭唐。

九月，夫概王归，自立也，以与王战，而败，奔楚，为堂溪氏[⑨]。吴师败楚师于雍澨。秦师又败吴师。吴师居麇[⑩]，子期将焚之，子西曰：“父兄亲暴骨焉，不能收，又焚之，不可。[⑪]”子期曰：“国亡矣，死者若有知也，可以歆旧祀[⑫]？岂惮焚之？”焚之，而又战，吴师败，又战于公婿之溪[⑬]。吴师大败，吴子乃归。囚闉舆罢，闉舆罢请先，遂逃归[⑭]。叶公诸梁之弟后臧从其母于吴[⑮]，不待而归[⑯]。叶公终不正视[⑰]。

---

①鲁定公五年事。　②二人为秦大夫。　③道：犹法术。　④稷：地名，今河南桐柏。　⑤沂：楚地，今河南正阳。　⑥薳（wěi）射：楚大夫。　⑦奔徒：散卒。⑧军祥：楚地。　⑨王：阖庐。此并吴王归后之事终言之。⑩麇：楚地。　⑪前年楚与吴战于此，楚人多死，未曾葬埋，焚则并焚之矣，故言不可。　⑫歆：享。言焚吴复楚，则祭祀可不废。　⑬公婿之溪：楚地名。　⑭闉（yīn）舆罢：楚

大夫。请先：请先至吴，因得间逃归于楚。　⑮叶公诸梁：沈尹戌之子，姓沈，字子高，为叶县尹，僭称公。吴入楚，获后臧之母，后臧从于吴。　⑯楚定，后臧弃母而归。
⑰不义臧所为。

楚子入于郢。

四月[1]己丑，吴大子终累败楚舟师[2]，获潘子臣、小惟子[3]及大夫七人。楚国大惕，惧亡。子期又以陵师败于繁扬[4]。令尹子西喜曰："乃今可为矣[5]。"于是乎迁郢于鄀[6]，而改纪其政，以定楚国。

---

①鲁定公六年四月。　②终累：夫差兄。舟师：水军。③二子皆楚舟师之帅。　④陵师：陆军。繁扬：楚地，今河南新蔡。　⑤意谓知惧而后可治。　⑥鄀（ruò）：今湖北宜城东南。

越勾践灭吴

鲁昭公三十二年——哀公二十二年

夏[①]，吴伐越，始用师于越也。史墨[②]曰："不及四十年，越其有吴乎！越得岁而吴伐之，必受其凶[③]。"

---

①鲁昭公三十二年夏。　②史墨：晋太史名墨。③此年岁在星纪。星纪，吴越之分，岁星所在，其国有福，而吴先用兵，故反受其殃。存亡之数，不过三纪，岁星三周三十六岁，故断为不四十年而越有吴，吴亡于哀公二十二年，距是年三十八年。

越入吴，吴在楚也[①]。

---

①此定公五年事。时吴方入郢，越乘其国虚而入。

吴伐越[①]。越子勾践御之[②]，陈于槜李[③]。勾践患吴之整也，使死士再禽焉，不动[④]。使罪人三行，属剑于颈[⑤]，而辞曰："二君有治[⑥]，臣奸旗鼓[⑦]，不敏于君之行前，不敢逃刑，敢归死。"遂自刭也。师属之目，越子因而伐之，大败之。灵姑浮[8]以戈击阖庐，阖庐伤将指，取其一屦[9]。还，卒于陉[10]，去檇李七里。

夫差[11]使人立于庭，苟出入，必呼曰："夫差！而忘越王之杀而父乎？"则对曰："唯。不敢忘！"三年乃报越[12]。

---

①定公十四年事，报五年越入吴之役。　②勾践之父名允常。　③檇（zuì）李：一作"醉李"，今浙江嘉兴。　④使敢死士往乱其师，两为吴擒，欲使吴师为取之，而吴不动。　⑤属剑于颈：以剑置颈。　⑥治军旅之事。　⑦奸：犯。言犯军令。　⑧灵姑浮：越大夫。　⑨将指：足大指。足大指被斩，因失履，灵姑浮取之。　⑩陉：地名，今浙江嘉兴。　⑪夫差：阖庐子，时嗣为王。　⑫后三年为哀公元年，吴伐越，以报是役，越几亡，事详下。

吴王夫差败越于夫椒[1]，报檇李也。遂入越。越子以甲楯[2]五千保于会稽[3]。使大夫种因吴大宰嚭以行成[4]。吴子将许之。伍员曰："不可。臣闻之：'树德莫如滋[5]，去疾莫如尽'。昔有过浇杀斟灌以伐斟鄩[6]，灭夏后相[7]。后缗方娠[8]，逃出自窦，归于有仍[9]，生少康焉。为仍牧正[10]。基浇能戒之[11]。浇使椒求之[12]，逃奔有虞[13]，为之庖正[14]，以除其害[15]。虞思于是妻之以二姚[16]，而邑诸纶[17]。有田一成[18]，有众一旅[19]，能布其德，而兆其谋[20]，以收夏众，抚其官职；使女艾谍浇[21]，使季杼[22]诱豷。遂灭过、戈[23]，复禹之绩。祀夏配天，不失旧物。今吴不如过，而越大于少康，或将丰之，不亦难乎[24]！

勾践能亲而务施，施不失人[25]，亲不弃劳[26]。与我同壤[27]，而世为仇雠。于是乎克而弗取，将又存之，违天[28]而长寇雠，后虽悔之，不可食已[29]。姬之衰也，日可俟也[30]。介在蛮夷，而长寇雠，以是求伯，必不行矣。”弗听。退而告人曰：“越十年生聚，而十年教训[31]，二十年之外，吴其为沼乎[32]！”

---

①哀公元年事。夫椒：山名，今江苏苏州西太湖中。 ②楯：与“盾”通，所以御兵。 ③会稽：山名，在今浙江绍兴东南。 ④大夫种：越大夫文种，字会。嚭：见《吴阖庐入郢》。 ⑤滋：长。 ⑥参阅《晋悼复霸》。 ⑦夏后相：夏王名相。 ⑧后缗（mín）：相妻。娠：有孕。 ⑨有仍：国名，后缗母家，地在今山东济宁。 ⑩牧正：牧官之长。 ⑪惎（jì）：毒害。戒：备。 ⑫椒：浇臣。 ⑬有虞：虞舜后诸侯，姚姓，今河南虞城。 ⑭庖正：掌膳之官。 ⑮言少康赖此得除己害。 ⑯虞思：有虞国君。以二女妻少康。 ⑰纶：邑名，今虞城东有故纶城。 ⑱方十里为一成。 ⑲五百人为一旅。 ⑳兆：始。 ㉑女艾：少康臣。谍：伺间隙。 ㉒季杼：亦少康臣。 ㉓过、戈：见《晋悼复霸》。 ㉔言将与越成，使越丰大，不将为吴难。 ㉕言所加惠赐，皆得其人。 ㉖惟亲爱之诚，则不遗小劳。 ㉗同壤：谓土地相接。 ㉘天与不取，是违天。 ㉙食：消。已：止。 ㉚日可俟：言可计日而待。 ㉛生民聚财富而教之。 ㉜言吴宫室废坏，当为池沼。谓将灭于越。

吴将伐齐，越子率其众以朝焉①，王及列士皆有馈赂。吴人皆喜，惟子胥惧，曰："是豢②吴也夫！"谏曰："越在，我心腹之疾也，壤地同，而有欲③于我。夫其柔服，求济其欲也，不如早从事焉④。得志于齐，犹获石田也，无所用之。越不为沼，吴其泯矣⑤。使医除疾，而曰：'必遗类焉'者，未之有也。《盘庚之诰》曰：'其有颠越不共，则劓殄无遗育，无俾易种于兹邑。⑥'是商所以兴也。今君易之，将以求大，不亦难乎！"弗听，使于齐，属其子于鲍氏，为王孙氏⑦。反役⑧，王闻之，使赐之属镂⑨以死。将死，曰："树吾墓槚，槚可材也⑩。吴其亡乎！三年，其始弱矣。盈必毁⑪，天之道也。"

---

①吴于哀公十一年五月会鲁伐齐，大败齐师，此文追记于战后。 ②豢：饵人以利。 ③欲：欲得吴。 ④早从事：早击之。 ⑤泯：消亡。 ⑥《尚书·商书·盘庚》之辞。颠越不共：强傲不受命。劓：割。殄：绝。育：长。俾：使。易种：转易生种类。 ⑦子胥私使人至齐。属其子于鲍氏，改姓为王孙氏，欲以避吴祸。 ⑧反役：吴王胜齐而反。 ⑨属镂：剑名。 ⑩槚（jiǎ）：材木之美者。子胥意越师至后，一切将毁坏，墓上植槚，尚可使其取用，不至斩弃。 ⑪越人朝之，伐齐胜之，盈之极。

夏①，公会单平公、晋定公、吴夫差于黄池②。

---

①哀公十三年夏。②单平公：周王卿士。晋定公：名午。黄池：地名，今河南封丘西南。吴欲霸中国，因为此会。

六月丙子，越子伐吴[1]，为二隧[2]，畴无余、讴阳[3]自南方，先及郊。吴大子友、王子地、王孙弥庸、寿于姚自泓[4]上观之。弥庸见姑蔑[5]之旗，曰："吾父之旗也。不可以见雠而弗杀也[6]。"大子曰："战而不克，将亡国，请待之。"弥庸不可，属徒五千[7]，王子地助之。乙酉，战，弥庸获畴无余，地获讴阳。越子至，王子地守。丙戌，复战，大败吴师。获大子友、王孙弥庸、寿于姚。丁亥，入吴。吴人告败于王[8]，王恶其闻也[9]，自刭七人于幕下[10]。

---

①越子乘吴争霸中原，国内空虚而伐之。②隧：古"队"字。③畴无余、讴阳：越大夫。④泓：水名，在吴越境，非宋襄与楚交战之泓。⑤姑蔑：越地，今浙江龙游北。⑥弥庸父为越所获，姑蔑人得其旗，故弥庸见而欲报之。⑦属：会，今言集合。⑧时吴王方在中国，吴人因至王处告败。⑨恶为诸侯所闻。⑩杀告败者以绝口。

秋七月辛丑，盟，吴、晋争先[1]。吴人曰："于周室，我为长[2]。"晋人曰："于姬姓，我为伯[3]。"赵鞅呼司马寅[4]曰："日旰矣[5]，大事未成[6]，二臣之罪也[7]。建鼓整列，二臣死之，长幼必可知也[8]。"对曰："请姑视之。"反[9]，曰："肉食者无墨[10]。今吴王有墨，国胜乎[11]？大子死乎？且夷德轻[12]，不忍久，请少待之。”乃先晋人。

王欲伐宋，杀其丈夫而囚其妇人[13]。大宰嚭曰：“可胜也，而弗能居也。”乃归。

---

①争先：争歃血之先后。　②吴为太伯之后，太伯乃文王父，王季之长兄。　③伯：侯伯之爵。　④赵鞅：赵简子，晋卿。寅：晋大夫，时为司马或谓董褐。　⑤盱：见《吴阖庐入郢》。　⑥大事：谓盟。　⑦二臣：鞅自指，并指寅。　⑧建鼓：立鼓与战。死：致死力。长幼：胜负。鞅以吴争持不让，意欲与战。　⑨反：视吴而反。　⑩肉食者：有爵位之人。墨：气色下。　⑪国为敌所胜。　⑫轻：不厚。　⑬以宋不会黄池。

冬，吴及越平[1]。

---

①吴不能报越，求与之平，子胥所谓三年始弱。

三月[1]，越子伐吴，吴子御之笠泽[2]，夹水而陈。越子为左右句卒[3]，使夜或左或右，鼓噪而进；吴师分以御之。越子以三军潜涉，当吴中军而鼓之[4]，吴师大乱，遂败之。

---

①哀公十七年三月。　②笠泽：水名，即太湖，或谓淞江。　③句卒：句伍相着，别为左右屯。　④左右句卒作势以分吴兵力，而以三军精卒并力击其中军。

十九年[1]春，越人侵楚，以误吴也[2]。

①哀公十九年。　②误吴使不为备。

十一月[1]，越围吴。赵孟降于丧食[2]。楚隆[3]曰："三年之丧，亲昵之极也，主又降之，无乃有故乎？"赵孟曰："黄池之役，先主与吴王有质[4]，曰：'好恶同之。'今越围吴，嗣子不废旧业而敌之，非晋之所能及也[5]，吾是以为降。"楚隆曰："若使吴王知之，若何？"赵孟曰："可乎？"隆曰："请尝之。"乃往，先造于越军，曰："吴犯间上国多矣，闻君亲讨焉，诸夏之人莫不欣喜，唯恐君志之不从，请入视之。"许之[6]。告于吴王曰："寡君之老[7]无恤使陪臣隆，敢展谢[8]其不共。黄池之役，君之先臣志父[9]得承齐盟，曰：'好恶同之。'今君在难，无恤不敢惮劳，非晋国之所能及也，使陪臣敢展布之。"王拜稽首曰："寡人不佞，不能事越，以为大夫忧，拜命之辱。"与之一箪珠[10]，使问[11]赵孟，曰："勾践将生忧寡人，寡人死之不得矣。"王曰："溺人必笑[12]，吾将有问也。史黯何以得为君子[13]？"对曰："黯也进不见恶[14]，退无谤言[15]。"王曰："宜哉！"

①哀公二十年十一月。　②赵孟：晋卿赵襄子无恤。时襄子有父简子之丧，为吴故，所食尤降于丧中之食。　③楚隆：襄子家臣。　④先主：谓简子。质：盟信。　⑤言己

欲不废旧业，敌越救吴，又非晋国之力所及。　⑥越军许令入吴。　⑦老：大夫自称之辞。　⑧展谢：陈谢。　⑨简子又名志父。　⑩箪（dān）：盛饭圆竹器。　⑪问：遗。　⑫喻所问不急，犹溺人不知所为而反笑。　⑬史黯：盖即史墨，吴王以其有不及四十年吴当亡之语，而其人有君子之称，故成而问及。　⑭进于朝廷，不为人所厌恶。　⑮不仕时，无毁谤之者。言史黯之行如此，宜其为君子。

冬十一月①丁卯，越灭吴。请使吴王居甬东②，辞曰："孤老矣，焉能事君？"乃缢。越人以归③。

---

①哀公二十二年十一月。　②甬东：越地名，今浙江舟山定海。　③以吴王之尸归于越。

春秋重要各国年表

周	武王灭商有天下都镐在今陕西长安县西南
鲁	周公旦子伯禽始封鲁都曲阜即今山东曲阜市
卫	成王弟康叔封始封卫都朝歌在今河南淇县东北戴公庐曹今滑县文公迁楚丘今滑县东之发卫南县侯爵
晋	成王弟叔虞始封晋都大夏在今山西太原市北穆侯徙绛后改曰翼山西翼城县东南有故翼城景公迁新田仍迁称绛即今山西曲沃县侯爵
郑	宣王弟桓公友始封郑都咸林今陕西华县武公迁新郑今河南新郑县伯爵
齐	太公姜尚始封齐都营丘今山东临淄县侯爵
秦	非子始国于秦旧陕西秦州德公迁雍今陕西凤翔县伯爵嬴姓
楚	熊绎始国于楚在丹阳今湖北秭归县后迁郢今湖北江陵县子爵芈姓
宋	微子启始封于宋今河南商丘县公爵子姓商后
陈	胡公始国于宛丘今河南淮阳县侯爵妫姓舜后
吴	王季之兄太伯始国于吴先居梅里即今江苏无锡市诸樊南徙阖庐筑大城都之即旧苏州子爵
越	夏少康之后国于会稽今浙江绍兴县子爵

周	平王宜臼十九年	桓王林元年	二年	三年	五年	九年	十一年	十二年
鲁	隐公息姑无年	四年	五年	六年	八年	桓公轨元年（前年隐公被弑）	三年	四年
卫	桓公完十三年	十六年（州吁弑桓公）	宣公晋元年	二年	四年	八年	十年	十一年
晋	鄂侯郄二年	五年	六年	哀侯光元年	三年	七年	九年	小子侯元年
郑	庄公寤生二十二年	二十五年	二十六年	二十七年	二十九年	三十三年	三十五年	三十六年
齐	僖公禄父九年	十二年	十三年	十四年	十六年	二十年	二十二年	二十三年
秦	文公四十四年	四十七年	四十八年	四十九年	宁公元年	五年	七年	八年
楚	武王文通十九	二十二年	二十三年	二十四年	二十六年	三十年	三十二年	三十三年
宋	穆公和七年	殇公兴夷元年	二年	三年	五年	九年	庄公冯元年(前年殇公被弑)	二年
陈	桓公鲍二十三年	二十六年	二十七年	二十八年	三十年	三十四年	三十六年	三十七年
吴								
越								

周	十四年	十六年	十七年	二十年	二十一年	二十三年	莊王佗元年	三年	四年
鲁	六年	八年	九年	十二年	十三年	十五年	十六年	十八年	莊公同元年
卫	十三年	十五年	十六年	十九年	惠公朔元年	三年	四年(出奔齐)	六年(黔牟二年)	七年(三年)
晋	三年	晋侯缗元年	二年	五年	六年	八年	九年	十一年	十二年
郑	三十八年	四十年	四十一年	厲公突元年	二年	四年(出居栎昭公忽入)	五年(昭公元年)	七年(子元年前年昭公被弒)	八年(子儀元年)
齐	二十五年	二十七年	二十八年	三十一年	三十二年	襄公诸儿元年	二年	四年	五年
秦	十年	十二年	出子元年年	四年	五年	武公元年(前年出子被弒)	二年	四年	五年
楚	三十五年	三十七年	三十八年	四十一年	四十二年	四十四年	四十五年	四十七年	四十八年
宋	四年	六年	七年	十年	十一年	十三年	十四年	十六年	十七年
陈	厲公跃元年	三年	四年	七年	莊公林元年	三年	四年	六年	七年
吴									
越									

周	五年	六年	八年	九年	十二年	僖王胡齐元年	五年
鲁	二年	三年	五年	六年	九年	十三年	十七年
卫	八年(四年)	九年(五年)	十一年(七年)	十二年(惠公人)	十五年	十九年	二十三年
晋	十三年	十四年	十六年	十七年	二十年	二十四年	曲沃武公称三十九年(武公在位至是三十九年于)
郑	九年(二年)	十年(三年)	十二年(五年)	十三年(六年)	十六年(九年)	二十年(十三年)	二十四年
齐	六年	七年	九年	十年	桓公小自元年(前年襄公被弑)	五年	九年
秦	六年	七年	九年	十年	十三年	十七年	德公徒雍元年
楚	四十九年	五十年	文五熊赀元年	二年	五年	九年	十三年
宋	十八年	闵公捷元年	三年	四年	七年	桓公御说元年(前年闵公被弑)	五年
陈	宣公杵臼元年	二年	四年	五年	八年	十二年	十六年
吴							
越							

周		惠王元年	二年	三年	五年	六年	九年	十四年	十六年	十八年
鲁		十八年	十九年	二十年	二十二年	二十三年	二十六年	三十一年	闵公启方元年	僖公申元年
卫		二十四年	二十五年	二十六年	二十八年	二十九年	懿公赤元年	六年	八年	文公毁元(前年狄人杀懿公)
晋	前年灭晋周命为晋侯	献公诡诸元年	二年	三年	五年	六年	九年	十四年	十六年	十八年
郑		二十五年	二十六年	二十七年	文公捷元年	二年	五年	十年	十二年	十四年
齐		十年	十一年	十二年	十四年	十五年	十八年	二十三年	二十五年	二十七年
秦		二年	宣公元年	二年	四年	五年	八年	成公元年	三年	穆公任好元年
楚		十四年	十五年	堵敖熊囏元年	三年(堵敖被弑)	成五頵元年	四年	九年	十一年	十三年
宋		六年	七年	八年	十年	十一年	十四年	十九年	二十一年	二十三年
陈		十七年	十八年	十九年	二十一年	二十二年	二十五年	三十年	三十二年	三十四年
吴										
越										

周	襄王郑元年	二年	五年	十年	十六年	十七年	十八年	二十年	二十一年	二十五年	二十六年
鲁	九年	十年	十三年	十八年	二十四年	二十五年	二十六年	二十八年	二十九年	三十三年	文公兴元年
卫	二十六年	惠公夷吾元年	四年	九年	懷公圉元年(被弑)	文公重耳元年	二年	四年	五年	襄公欢元年	二年
晋	二十二年	二十三年	二十六年	三十一年	三十七年	三十八年	三十九年	四十一年	四十二年	穆公阑元年	二年
郑	三十五年	三十六年	三十九年	孝公昭元年	七年	八年	九年	昭公潘元年	二年	六年	七年
齐	九年	十年	十三年	十八年	二十四年	二十五年	二十六年	二十八年	二十九年	三十三年	三十四年
秦	二十一年	二十二年	二十五年	三十年	三十六年	三十七年	三十八年	四十年	四十一年	四十五年	四十六年(被世子商臣弑)
楚	三十一年	襄公兹父元年	四年	九年	成公五臣元年	二年	三年	五年	六年	十年	十一年
宋	四十二年	四十三年	穆公款元年	六年	十二年	十三年	十四年	十六年	共公朔元年	五年	六年
陈											
吴											
越											

周	二十七年	三十二年	三十三年	顷王壬臣元年	六年	匡王班元年	三年	五年	宣王瑜元年
鲁	二年	七年	八年	九年	十四年	十五年	十七年	宣公接元年	三年
卫	十年	十五年	十六年	十七年	二十二年	二十三年	二十五年	二十七年	二十九年
晋	三年	灵公夷皋元年	二年	三年	八年	九年	十一年	十三年	成公黑臀元年（前年灵公弑）
郑	三年	八年	九年	十年	十五年	十六年	十八年	二十年	二十二年
齐	八年	十三年	十四年	十五年	二十年	懿公商人元年	三年	惠公元年（前年懿公被弑）	三年
秦	三十五年	康公罃元年	二年	三年	八年	九年	十一年	共公稻元年	三年
楚	穆王商臣元年	六年	七年	八年	莊王旅元年	二年	四年	六年	八年
宋	十二年	十七年	昭公杵臼元年	二年	七年	八年	文公鲍元（前年昭公被弑）	三年	五年
陈	七年	十二年	十三年	十四年	灵公平国元年	二年	四年	六年	八年
吴									
越									

周	二年	三年	八年	九年	十七年	十九年	二十一年	简五夷元年	二年
鲁	四年	五年	十年	十一年	公黑肱元年	三年	五年	六年	七年
卫	三十年	三十一年	穆公速元年	二年	十年	定公臧元年	三年	四年	五年
晋	二年	三年	景公孺元年	二年	十年	十二年	十四年	十五年	十六年
郑	灵公夷元年	襄公坚元年（前年灵公被弑）	六年	七年	十五年	十七年	悼公费元年	二年	成公睔元年
齐	四年	五年	十年	顷公无野元年	九年	十一年	十三年	十四年	十五年
秦	四年	桓公营元年	六年	七年	十五年	十七年	十九年	二十年	二十一年
楚	九年	十年	十五年	十六年	共王元年	三年	五年	六年	七年
宋	六年	七年	十二年	十三年	二十一年	共公固元年	三年	四年	五年
陈	九年	十年	十五年(被弑)	成公午元年	九年	十一年	十三年	十四年	十五年
吴								寿梦元年	二年
越									

周	五年	六年	十年	十一年	十四年	灵王泄心元年	二年	四年	七年
鲁	十年	十一年	十五年	十六年	襄公午元年	二年	三年	五年	八年
卫	八年	九年	献公衎元年	二年	五年	六年	七年	九年	十二年
晋	十九年	厲公州蒲元年	五年	六年	悼公周元年(前厲公被弑)	二年	三年	五年	八年
郑	四年	五年	九年	十年	十三年	十四年	僖公髡顽元年	三年	简公嘉元年
齐	灵公环元年	二年	六年	七年	十年	十一年	十二年	十四年	十七年
秦	二十四年	二十五年	景公元年	二年	五年	六年	七年	九年	十二年
楚	十年	十一年	十五年	十六年	十九年	二十年	二十一年	二十三年	二十六年
宋	八年	九年	十三年	平公成元年	四年	五年	六年	八年	十一年
陈	十八年	十九年	二十三年	二十四年	二十七年	二十八年	二十九年	哀公溺元年	四年
吴	五年	六年	十年	十一年	十四年	十五年	十六年	十八年	二十一年
越									

周	十二年	十三年	十四年	十五年	十九年	二十五年	景王贵元年	二年	四年
鲁	十三年	十四年	十五年	十六年	二十年	二十六年	二十九年	三十年	昭公稠元年
卫	十七年	十八年（奔齐殇公刘立）	十九年(殇公元年）	二十年(二年）	二十四年（六年）	三十年（殇公被弑献公人）	三十三年	襄公元年	三年
晋	十三年	十四年	十五年	平公彪元年	五年	十一年	十四年	十五年	十七年
郑	六年	七年	八年	九年	十三年	十九年	二十二年	二十三年	二十五年
齐	二十二年	二十三年	二十四年	二十五年	莊公光元年	景公杵臼元年（前年莊公被弑）	四年	五年	七年
秦	十七年	十八年	十九年	二十年	二十四年	三十年	三十三年	三十四年	三十六年
楚	三十一年	康五昭元年	二年	三年	七年	十三年	郏敖麇元年	二年	四年（被弑）
宋	十六年	十七年	十八年	十九年	二十三年	二十九年	三十二年	三十三年	三十五年
陈	九年	十年	十一年	十二年	十六年	二十二年	二十五年	二十六年	二十八年
吴	诸樊遏元年	二年	三年	四年	八年	徐祭元年	四年（徐祭被弑）	夷末元年	三年
越									

周	五年	九年	十一年	十四年	十六年	十七年	十九年	二十年	敬五丐元年
鲁	二年	六年	八年	十一年	十三年	十四年	十六年	十七年	二十三年
卫	四年	八年	灵公元年	四年	六年	七年	九年	十年	十六年
晋	十八年	二十二年	二十四年	昭公夷元年	三年	四年	六年	顷公去疾元年	七年
郑	二十六年	三十年	三十年	三十五年	定公宁元年	二年	四年	五年	十一年
齐	八年	十二年	十四年	十七年	十九年	二十年	二十二年	二十三年	二十九年
秦	三十七年	哀公元年	三年	六年	八年	九年	十一年	十二年	十八年
楚	灵王处元年	五年	七年	十年	十二年(被弑)	平王居元年	三年	四年	十年
宋	三十六年	四十年	四十二年	元公佐元年	三年	四年	六年	七年	十三年
陈	二十九年	三十三年	二十五年（明年亡于楚）		惠公吴元年(楚平王立之)	二年	四年	五年	十一年
吴	四年	八年	十年	十三年	十五年	十六年	王僚元年	二年	八年
越									

周	四年	五年	六年	七年	九年	十一年	十五年	十九年	二十年
鲁	二十年(前年出奔)	二十七年	二十八年	二十九年	三十一年	定公宋元年(卒于外)	五年	九年	十年
卫	十九年	二十年	二十一年	二十二年	二十四年	二十六年	三十年	三十四年	三十五年
晋	十年	十一年	十二年	十三年	定公午元年	三年	七年	十一年	十二年
郑	十四年	十五年	十六年	献公虿元年	三年	五年	九年	十三年	声公胜元年
齐	三十二年	三十三年	三十四年	三十五年	三十七年	三十九年	四十三年	四十七年	四十八年
秦	二十一年	二十二年	二十三年	二十四年	二十六年	二十八年	三十二年	三十六年	惠公元年
楚	十三年	昭王轸元年	二年	三年	五年	七年	十一年	十五年	十六年
宋	景公栾元年	二年	三年	四年	六年	八年	十二年	十六年	十七年
陈	十四年	十五年	十六年	十七年	十九年	二十一年	怀公柳元年	闵公越元年	二年
吴	十一年	十二年(被弑)	阖庐元年	二年	四年	六年	十年	十四年	十五年
越									

周	二十四年	二十五年	二十六年	二十八年	二十九年	三十一年	三十二年	三十六年	四十年
鲁	十四年	十五年	哀公蒋元年	三年	四年	六年	七年	十一年	十五年
卫	三十九年	四十年	四十一年	出公輒元年	二年	四年	五年	九年	十三年(出奔)
晋	十六年	十七年	十八年	二十年	二十一年	二十三年	二十四年	二十八年	三十二年
郑	五年	六年	七年	九年	十年	十二年	十三年	十七年	二十一年
齐	五十二年	五十三年	五十四年	五十六年	五十七年	孺子茶(元年被弑)	悼公阳元年	简公壬元年	平公元年（前年简公被弑)
秦	五年	六年	七年	九年	悼公元年	三年	四年	八年	十二年
楚	二十年	二十一年	二十二年	二十四年	二十五年	二十七年	惠公章元年	五年	九年
宋	二十一年	二十二年	二十三年	二十五年	二十六年	二十八年	二十九年	三十三年	三十六年
陈	六年	七年	八年	十年	十一年	十三年	十四年	十八年	二十二年
吴	十九年(败死于越)	夫差元年	二年	四年	五年	七年	八年	十二年	十六年
越	句践元年	二年	三年	五年	六年	八年	九年	十三年	十七年

周	四十一年	四十二年	四十三年	四十四年	元王仁元年	二年	三年	七年	八年(崩)
鲁	十六年	十七年	十八年	十九年	二十年	二十一年	二十二年	二十六年	二十年(出奔)
卫	荘公蒯聩元年	二年(荘公被弑公子起立)	元年(被逐出公人)	出公后元年	二年	三年	四年	悼公元年（前年出公被逐）	二年年
晋	三十三年	三十四年	三十五年	三十六年	三十七年	出公错元年	二年	六年	七年
郑	二十二年	二十三年	二十四年	二十五年	二十六年	二十七年	二十八年	三十二年	三十三年
齐	二年	三年	四年	五年	六年	七年	八年	十二年	十三年
秦	十三年	十四年	共公元年	二年	三年	四年	五年	九年	十年
楚	十年	十一年	十二年	十三年	十四年	十五年	十六年	二十年	二十一年
宋	三十七年	三十八年	三十九年	四十年	四十一年	四十二年	四十三年	昭公元年	四十七年
陈	二十三年	二十四年再亡于楚)							
吴	十七年	十八年	十九年	二十年	二十一年	二十二年	二十三年（亡于越)		
越	十八年	十九年	二十年	二十一年	二十二年	二十三年	二十四年	二十八年	二十九年

周	赧王五十九年灭于秦
鲁	周亡后七年即顷公二十四年灭于楚
卫	秦二世元年灭于秦
晋	周安王二十六年灭于赵韩魏
郑	周烈王元年灭于韩
齐	周安王十六年灭于田齐
秦	始皇统一天下代周为天子
楚	秦始皇二十四年灭于秦
宋	周赧王二十九年灭于齐
陈	
吴	
越	周显五三十五年灭于楚